40 idées reçues sur les TRANSPORTS...

et pourquoi elles nous empêchent d'avancer

Éditions Eyrolles
61, bd Saint-Germain
75240 Paris Cedex 05
www.editions-eyrolles.com

Depuis 1925, les Éditions Eyrolles s'engagent en proposant des livres pour comprendre le monde, transmettre les savoirs et cultiver ses passions !
Pour continuer à accompagner toutes les générations à venir, nous travaillons de manière responsable, dans le respect de l'environnement. Nos imprimeurs sont ainsi choisis avec la plus grande attention, afin que nos ouvrages soient imprimés sur du papier issu de forêts gérées durablement. Nous veillons également à limiter le transport en privilégiant des imprimeurs locaux. Ainsi, 89 % de nos impressions se font en Europe, dont plus de la moitié en France.

ISBN : 978-2-416-01503-8

André Broto

Avant-propos d'Anne-Marie Idrac
Illustrations de Gabs

40 idées reçues sur les TRANSPORTS...

et pourquoi elles nous empêchent d'avancer

Éditions
EYROLLES

Sommaire

PARTIE 4

La voiture individuelle : totem et tabou des nouvelles mobilités

Avant-propos

La vision de la transformation des mobilités développée par André Broto est clairement écologiste : elle vise à la décarbonation du secteur des transports, qui reste le principal émetteur de CO_2. Pour cela, il propose des solutions pragmatiques, centrées sur l'essentiel.

Comme lui, je pense que le plus important, c'est le routier, principal mode de transport, principal contributeur aux émissions. De meilleurs usages des infrastructures routières existantes sont donc cruciaux (indépendamment de leur nécessaire adaptation au changement climatique).

Dans son livre de 2022, *Transports, les oubliés de la République : Quand la route reconnecte le territoire*, André Broto mettait à juste titre en avant la priorité écologique et sociale que constitue la mobilité des personnes assignées à la voiture, en périphérie des agglomérations mal desservies par les services de transports publics traditionnels. Il préconisait notamment le développement de lignes de cars express sur autoroute, en maillage avec les modes lourds (ferrés) et le covoiturage, selon les géographies.

Plusieurs autres auteurs ont comme lui poussé à la prise en considération de nouveaux usages de la route, notamment Thierry Mallet, PDG de Transdev, et nombre d'ingénieurs-économistes.

Pour autant, depuis lors, le débat législatif sur les « RER métropolitains » et les discussions sur les contrats de plans État-Régions ont à nouveau privilégié des approches quasi exclusivement ferroviaires – à l'exception notable de l'Île-de-France, où le président du conseil départemental de l'Essonne, François Durovray, propose d'innover par le développement d'un réseau de cars express.

André Broto réaffirme ses convictions dans ce nouvel ouvrage, en ingénieur qui fonde d'abord ses réflexions sur des chiffres et données factuelles, à hauteur de la réalité observée des pratiques. Son livre en foisonne, sans pour autant être rébarbatif. Il est même plein d'humour, par exemple lorsqu'il évoque le mirage bobo de la ville du quart d'heure, ou les imaginaires « buffets jambon-beurre » des mini-gares ferroviaires.

Pour contribuer au débat, l'auteur a cette fois-ci choisi de décortiquer quelques idées reçues et autres fausses évidences, d'ordre aussi bien économique et social, qu'écologique. Avec quelques révélations chiffrées inédites : par exemple, le fait que ce sont les plus « riches » qui utilisent le plus le train ; ou encore le fait que le faible taux de remplissage des véhicules ne concerne pas que les voitures, mais aussi certains trains ou autobus. Et le triste rappel de l'inefficacité des dépenses publiques en termes de transfert modal vers le train…

Sa vision globale va du télétravail (et ses effets plus qu'incertains sur la réduction des émissions des transports) à l'impact global de l'électrification des véhicules (en y intégrant leur fabrication), en passant par l'utilisation des services facilitant les usages des cars express ou du covoiturage.

L'un des apports les plus intéressants de ce travail est la segmentation des besoins de transports : la grande distance peut être traitée par l'avion, le TGV et les voitures, grâce un réseau autoroutier qui, en France, est l'un des plus performants du monde ; l'urbain bénéficie quant à lui d'une conjonction de services et d'alternatives allant des modes ferrés à la marche.

Ces caractéristiques ne sont pas du tout les mêmes pour les déplacements longs du quotidien : ces derniers s'effectuent sur quelques dizaines de kilomètres, et dans des milieux insuffisamment denses pour justifier la création de réseaux ferrés – coûteux et longs à construire –, inadaptés également à la marche et, sauf exceptions, au vélo. Le transport routier est donc la solution idoine pour ces déplacements.

Or ceux-ci concernent un bon tiers des ménages, et surtout une majorité des kilomètres par voyageur, et donc des émissions de CO_2, indicateur plus pertinent que celui du seul nombre de trajets.

Ces déplacements, paradoxalement aussi méconnus que répandus, sont périphériques au double sens du terme : par la géographie (l'étalement urbain), et par leur manque de prise en considération dans les politiques publiques du transport en commun, centrées sur l'urbain.

Par analogie, les besoins en matière de transport de marchandises doivent eux aussi être segmentés : le train est adapté aux besoins de transports en centaines de tonnes et centaines de kilomètres, tandis qu'à l'autre extrémité, le vélo l'est aux livraisons urbaines à courte distance et faibles volumes, les camions et camionnettes répondant aux contraintes logistiques entre ces deux grands types de besoins, et en intermodalité à tous les autres besoins, là encore les plus importants en tonnes-kilomètres en émissions. Les exigences dans ce secteur sont les mêmes que celles du transport de personnes analysées dans le livre : il faut viser la sobriété, la mutualisation, et les maillages de l'intermodalité.

Pour entrer dans le concret de ses propositions en faveur de meilleurs usages de la route pour les voyageurs, André se réfère à des exemples étrangers, et aussi à quelques belles expériences françaises, qui mériteraient à l'évidence d'être démultipliées.

Ses réflexions sont surtout destinées à éclairer et enrichir les débats sur des sujets techniques qui sont aujourd'hui devenus éminemment politiques.

Anne-Marie Idrac
Ancienne ministre des Transports,
présidente de France Logistique

Du bon usage des concepts directeurs des transports

Il en va des concepts directeurs en matière de transports comme des notions fondamentales de métaphysique : ils sont souvent abstraits, voire abscons, et tendent à acquérir un sens indépendamment de l'expérience sensible des réalités qu'ils désignent. Dit autrement, leur usage technique (dans le cadre de politiques de transport, de scénarios prospectifs, de process…) s'affranchit bien souvent des faits, au nom d'un modèle, d'une vision, d'une idéologie. Aussi une réflexion critique est-elle nécessaire, qui confronte leur usage volontiers dogmatique à la réalité des pratiques et à l'expérience vécue des usagers.

« Voyageur-kilomètre », « passager-kilomètre » : en matière de transports on parle généralement de nombre de déplacements effectués à pied, en voiture ou en train (on parle aussi de nombre de voyageurs ou de passagers transportés en voiture ou en train), et l'on en déduit des « parts modales ». Mais si l'on s'intéresse, par exemple, aux émissions de CO_2 ou au poids du transport dans le budget d'un ménage, il faut alors prendre en compte les distances parcourues par chaque voyageur ou passager : un voyageur qui effectue un déplacement de 30 km compte pour « 30 voyageurs-kilomètres », soit autant que 10 voyageurs qui effectuent 3 km chacun.

Dans le prolongement de ce qui précède, l'expression « déplacements du quotidien longs » (DQL) ne doit pas être confondue avec celle, plus couramment usitée, de « déplacements du quotidien » (voir idée reçue 14). Dans cet ouvrage, les déplacements du quotidien longs désignent les déplacements du quotidien de plus de 10 km à vol d'oiseau.

RER : le réseau express régional développé en Île-de-France est un système de transport ferroviaire qui offre des fréquences et des capacités analogues à celles du métro, mais qui cible les déplacements du quotidien longs. Le RER comporte très peu d'arrêts et offre une vitesse commerciale élevée, et donc un service attractif pour l'automobiliste. Par extension, l'acronyme RERM (RER métropolitain) désigne des systèmes de RER qui seraient développés à partir des étoiles ferroviaires existantes autour des grandes métropoles pour assurer les liaisons quotidiennes avec leurs périphéries.

BHNS (bus à haut niveau de service) *versus* autocar (ou car) express : la principale différence entre ces deux services de transport collectif routier est qu'ils ne ciblent pas les mêmes classes de distance. Le BHNS cible, comme le métro et le tramway, des déplacements du quotidien courts (quelques kilomètres), et il circule autant que faire se peut sur des voies réservées : il est alors, comme le métro et le tramway, un « transport collectif en site propre ». Le car express, lui, est conçu pour offrir une alternative aux automobilistes qui effectuent des déplacements du quotidien longs (plusieurs dizaines de kilomètres). Le premier s'inscrit, comme le métro, le bus ou le tramway, dans un territoire urbain. Le second relie des communes rurales et des villes moyennes, ou petites, à de grandes villes/métropoles, et il emprunte les mêmes voies rapides que les automobilistes. Toutes proportions gardées, le car express est au BHNS ce que le RER est au métro.

Multimodalité/intermodalité : on parle de multimodalité entre deux lieux si l'on a le choix entre des modes de transport différents pour se rendre de l'un à l'autre. L'intermodalité désigne la combinaison successive de plusieurs modes de transport au cours d'un même déplacement.

Introduction

Dans un précédent ouvrage[1], j'avais largement développé ce que j'appelle « l'intelligence de la route » : réseau social en dernier ressort, tout au long de son histoire elle dessine le territoire, permet les établissements humains, les échanges, le partage d'équipements et de ressources. Sous forme de ponts, de viaducs, de tunnels, d'autoroutes, de voies escarpées, elle témoigne du talent des ingénieurs qui relèvent des défis improbables. Elle sait aussi tirer profit du numérique, avec les GPS embarqués qui tiennent compte du trafic en temps réel, les péages à flux continu, les futures autoroutes électriques qui pourraient permettre de se passer du poids des batteries. On en oublie, et d'autres sont à venir : la route, malléable par essence, est un perpétuel réceptacle d'innovations.

Et pourtant, dans notre pays elle a longtemps été diabolisée, caricaturée dans le débat public, où elle se trouve confondue avec l'hégémonie de la voiture individuelle à propulsion thermique. Tout était bon pour trouver des « alternatives à la route ». Ce parti pris a aveuglé nombre de nos décideurs sur des faits très têtus : la route reste le réseau le plus emprunté, et de loin, pour tous les déplacements et plus particulièrement pour les déplacements du quotidien longs (DQL)[2]. Ces derniers, qui représentent une part énorme des émissions de gaz à effet de serre du secteur des transports, sont restés longtemps en dehors du viseur des grandes politiques publiques, davantage préoccupées d'ajouter une offre supplémentaire à celle déjà

1. *Transports : les oubliés de la République*, Eyrolles, 2022.
2. Déplacements dont la portée est comprise entre 10 et 100 km, à la différence des déplacements de proximité (moins de 10 km) et des voyages (plus de 100 km).

surabondante à disposition des habitants des centres-villes, ou de relier entre elles les métropoles avec des lignes à grande vitesse. Cet angle mort a été l'un des déclencheurs de la crise des Gilets jaunes, échaudés par le renchérissement du carburant et les nouvelles limitations de vitesse. Non, Paris et la première couronne francilienne ne sont pas la France.

Par bonheur, les esprits ont évolué. De nombreux et excellents ouvrages ou articles ont paru, comme ceux de Thierry Mallet, dirigeant de Transdev, de Jean Coldefy ou de Gilles Savary, qui faisaient suite aux ouvrages et aux analyses d'Yves Crozet, de Jean-Pierre Orfeuil ou de Mathieu Flonneau, auxquels je dois beaucoup. Au plus haut niveau de l'État, s'est faite une prise de conscience de l'importance écologique – et électorale ! – des DQL, même si les solutions jusqu'ici proposées (des RER métropolitains) réactivent un amour irraisonné pour les superproductions ferroviaires. Au niveau européen, la décision d'interdire à la vente dès 2035 les véhicules à moteur thermique a été un séisme. En quelques années, la voiture électrique, qui hante l'histoire automobile depuis ses origines[3], est devenue le futur nouveau standard de l'industrie, au risque d'une offensive massive des constructeurs chinois, qui ont pris une grande avance dans ces technologies. L'urgence climatique, vécue canicule après canicule, et le désordre géopolitique consécutif à la guerre en Ukraine, ont obligé à des choix drastiques en matière de stratégie industrielle, le tout s'inscrivant dans la perspective d'un objectif toujours plus ambitieux de diminution des émissions de gaz à effet de serre avec le « Fit for 55[4] » européen.

3. Voir la série d'articles de J.-M. Normand, « La longue marche de la voiture électrique », *Le Monde*, 14-18 août 2023.

4. Paquet de 12 propositions législatives européennes dans la lutte contre le réchauffement climatique, qui fixe un objectif de réduction d'au moins 55 % des émissions nettes de gaz à effet de serre en 2030 par rapport à 1990.

Ce dernier « paquet » climatique doit donc être atteint, dans une certaine urgence, d'une part au moyen d'un remplacement progressif du parc automobile qui reste un pari sur l'avenir (pour environ 60 ou 70 % de l'objectif), d'autre part au moyen d'actions de sobriété. Comme toujours, il est plus facile de changer les technologies que les comportements. Pour influer sur ces derniers, on peut utiliser différents leviers : incitations, interdictions, taxation, choc d'offre… De fait, les pouvoirs publics ont largement fait le choix des incitations ponctuelles sous forme d'aides diverses au covoiturage, au vélo ou au télétravail. Le choc d'offre a été réservé, sous forme d'annonce à ce stade (été 2023), au report modal vers le ferroviaire, mais ces lourds investissements ne produiront pas d'effets avant une dizaine d'années. À la lumière des actions qui ont été engagées, on peut constater que le vélo bénéficie d'un récit puissant « post-Covid-19 » et que la loi (LOM, Climat) a intégré cet enjeu, à ceci près que les aménagements cyclables sont à la peine, faute de financements. Il en est de même pour le covoiturage spontané et organisé, et c'est là encore le défaut de financement des parcs relais et des voies réservées qui ne permet pas le choc d'offre. De son côté, le télétravail s'est banalisé mais a montré ses limites humaines et managériales, sans compter ses effets rebond insoupçonnés. Le car express, quant à lui, ne coche aucune case et ne suscite pas tout l'intérêt qu'il mérite. Il reste assimilé au temps long des aménagements ferroviaires *via* la référence aux « voies réservées », prévues dans la loi mais tout à fait inutiles pour démarrer un projet.

Quant au report modal (de la voiture individuelle vers tout autre mode de transport moins polluant), il se fait toujours attendre malgré les dizaines de milliards injectés dans le ferroviaire. Il semblerait qu'un vrai problème de compréhension des besoins affecte nos décideurs… Nous n'avons pourtant qu'à peine sept ans devant nous pour diminuer drastiquement nos émissions de gaz à effet de serre de 55 % au moins en 2030 par rapport à 1990 – « Fit for 55 ». On peut s'interroger sur le volontarisme politique, car les décisions les plus lourdes ne cessent d'être reportées, et le Haut Conseil pour le climat tout comme le Secrétariat général pour la transition écologique[5] s'en inquiètent publiquement. La crédibilité de la stratégie nationale bas carbone française est en jeu, puisque les transports sont le seul secteur dont les émissions de GES ne baissent pas…

Le péché originel ne réside-t-il pas dans un point de vue limité aux métropoles, à des solutions pensées par des urbains pour des urbains, qui ne prennent pas assez en compte, pour ne pas dire pas du tout, les zones grises des périphéries où a le malheur d'habiter un bon tiers de nos concitoyens ? Prend-on suffisamment en compte les expériences locales, les innovations qui fonctionnent mais qui ont le défaut d'avoir été impulsées par les départements, et non par l'État dans une grand-messe parisienne ?

Rappelons que les départements avaient la compétence pour organiser le transport scolaire de leurs administrés. Ils l'ont réussi, et certains ont tiré parti de cette expérience de mobilité en zone diffuse pour élargir l'offre à l'ensemble de la population. Beaucoup ont investi dans des parkings-relais pour inciter les usagers à laisser leur voiture là où elle devient contre-productive. Certains, comme l'Isère, les Bouches-du-Rhône, le Tarn ou l'Essonne, ont même développé, il y a déjà plus de vingt ans, des lignes de cars express qui sont autant de réussites, plébiscitées par les voyageurs, avec ou sans voies réservées. Qui en tire la leçon et finance une généralisation de ces réussites ? En quoi les 10 métropoles qui bénéficieront un jour de RER métropolitains éviteront-elles que 80 départements français restent à l'écart de la manne ? Il serait avisé de tirer tous les enseignements des milliards dépensés sans qu'aucun report modal n'ait été constaté, et surtout de comprendre que le tout-ferroviaire est

5. Voir France Nation Verte, « Mieux se déplacer : la planification écologique dans les transports », réunion du CNR, 31 mai 2023.

non seulement coûteux à mettre en œuvre, mais bien trop lent au regard des trajectoires de baisse des émissions de GES que nous visons. Enfin il serait bon de rompre avec certains dogmes qui voudraient que différents modes de transport ne puissent cohabiter sans se faire concurrence. À ce compte, enterrons la multimodalité[6] qui a accompagné à l'échelle nationale un demi-siècle de prospérité, et à l'échelle locale ne gardons que le métro parisien, supprimons les tramways, les bus, les taxis et les vélos… Bien au contraire, tout indique que la solution viendra d'un système de transports multimodal, souple et adaptable à la diversité et aux variations de la demande.

On pourra soupçonner l'auteur de ces lignes d'un tropisme anti-ferroviaire, en raison de sa carrière au sein d'un grand groupe concessionnaire d'autoroutes. Il est toujours sain de se demander si l'on n'est pas victime de biais inconscients, et je m'emploie à le faire. Comme tout citoyen et bon père de famille, ma seule aspiration est de contribuer à un avenir désirable pour les enfants de ce pays. Notre ennemi commun est le dérèglement climatique, et donc les émissions de gaz à effet de serre. Regardons d'où elles viennent : considérablement du transport, et très majoritairement de l'usage hégémonique de la voiture individuelle, hérité de la société de consommation des Trente Glorieuses. En toute logique, il faut dès lors s'intéresser à tout ce qui réduit ces émissions, dans les volumes et les délais requis. Je soutiens, démonstrations à l'appui, que dans notre pays, le ferroviaire, avec toutes ses qualités, est trop souvent utilisé ou préconisé hors de son domaine de pertinence, donc de façon contre-productive, comme gage de volontarisme bien plus que d'efficacité. Pire, qu'il détourne l'attention, d'une part, de solutions bien plus rapides, bon marché et flexibles qui ont déjà fait leurs preuves, mais qui ont l'inélégance de passer par

6. Voir définition dans l'introduction « Du bon usage des concepts directeurs des transports » en début d'ouvrage.

la route, d'autre part, de l'importance cruciale des changements de comportements et d'usages (sobriété, partage, mutualisation, temps sociaux, etc.).

Puisse ce livre, que j'ai voulu d'accès facile sous forme de courtes entrées thématiques et polémiques, dont certaines renvoient à d'autres, faire un sort aux idées reçues et surtout permettre enfin la bascule vers des transports sobres et désirables, sans réduction de notre mobilité au quotidien.

PARTIE 1

Ces bonnes intentions dont est pavé le secteur le plus émetteur de CO_2

MAIS POURQUOI BOUGENT-ILS TOUS AUTANT ?
GABS.

IDÉE REÇUE 1

« On a toujours voyagé ! »

Le goût de l'exploration, l'attrait des nouvelles frontières ne font-ils pas partie de la nature humaine ? Les grands voyageurs n'ont-ils pas toujours existé dans l'Histoire ? Pourquoi s'inquiéter de voir des milliards de Terriens découvrir d'autres pays, d'autres cultures ? Les voyages forment la jeunesse, ouvrent l'esprit et renforcent la compréhension entre les peuples !

Certes, personne ne niera les bienfaits culturels des voyages. L'or bleu du tourisme est devenu une des principales industries à l'échelle mondiale, et ses perspectives sont florissantes. Néanmoins, il faudrait être de mauvaise foi pour ne pas voir les ombres au tableau : en France, le secteur des transports est le premier émetteur de gaz à effet de serre (31 % du total en 2019), et le seul à ne pas les faire décroître. Dans de nombreux pays, le surtourisme met en danger un nombre croissant de sites historiques, naturels et archéologiques, au point que le gouvernement français y a consacré un plan dédié en juin 2023.

Plus profondément, rien ne serait plus trompeur que d'estimer « normal » le niveau de mobilité que nous avons atteint à la fin du XXe siècle. Revenons dans le temps long : l'historien Fernand Braudel nous rappelle l'existence, en Occident, de deux types de circulation : la circulation basse, les déplacements du quotidien, et la circulation haute, les voyages de longue distance. La première se borne à des déplacements ancrés dans des territoires de proximité, avec une constante surprenante dans le temps de transport quotidien, d'environ une heure par jour. La seconde concerne les déplacements exceptionnels réservés à une élite marginale (souverains, marchands, étudiants, pèlerins, soldats). L'essentiel de la population mondiale n'a connu dans son histoire que l'horizon étroit de son village ou de sa région, entre lenteur et sédentarité, et c'est encore vrai pour des millions de Terriens de nos jours. L'amélioration et l'enrichissement constant des voies de circulation depuis le XIXe siècle (et particulièrement en France, *via* la loi de 1836 sur les chemins vicinaux) ont allongé la portée des déplacements du quotidien et les ont diversifiés, comme le démontre la théorie de l'accessibilité (voir idée reçue 17). Les distances parcourues et les vitesses ont été multipliées par dix depuis 1800[1]. Rappelons que ce n'est qu'en 1936, grâce au train et aux congés payés, que des millions d'ouvriers français ont pu découvrir la mer !

La grande nouveauté est qu'aujourd'hui, nous cumulons une circulation basse, avec des déplacements d'une portée croissante, toujours plus fréquents et nombreux, et une circulation haute, elle aussi toujours plus intense. Tous déplacements confondus, un Français effectue en moyenne 50 km par jour, 365 jours par an ! Au niveau mondial, le nombre de passagers du transport aérien double tous les quinze ans, et il a atteint le chiffre record de 4,5 milliards en 2019[2]. Cette hypermobilité est sans précédent. Comme l'explique l'économiste Andreas Schäfer, mobilité, progrès techniques et enrichissement forment un cercle vertueux… jusqu'à un certain point. L'économiste des transports Yves Crozet s'est amusé à extrapoler la courbe liant le revenu annuel par habitant et la mobilité quotidienne. Il obtient un

1. Voir la thèse d'A. Bigo, « Les transports face au défi de la transition énergétique. Explorations entre passé et avenir, technologie et sobriété, accélération et ralentissement », 2020. https://bit.ly/3LXYXeR
2. Source : OACI – www.icao.int/annual-report-2019/Pages/the-world-of-air-transport-in-2019.aspx

monde où le PIB par habitant serait de 289 000 dollars, et la mobilité quotidienne de 791 km ! On voit clairement qu'une lente décorrélation entre enrichissement et mobilité est inévitable, aussi bien d'un point de vue technique que social et écologique.

À l'idée reçue selon laquelle « on a toujours voyagé », il faut donc répondre par la négative. On s'est toujours déplacé à l'échelle de la marche à pied, mais bien peu voyageaient, d'une part. D'autre part, nous n'avons jamais autant voyagé qu'aujourd'hui, et l'expansion de cette bougeotte n'est plus tenable. Quand bien même l'énergie requise ou le respect des écosystèmes ne seraient pas un problème, l'espace viendrait à manquer : les congestions quotidiennes dans les métropoles nous rappellent la contre-productivité d'une mobilité considérée comme une fin en soi.

Plus généralement, il nous faut réaliser ce que les chercheurs Ivan Illich et Jean-Pierre Dupuy théorisaient dans les années 1970, à savoir le coût social de la vitesse automobile : tout ce qu'un système de transports requiert comme temps de travail (conception, fabrication, recyclage mais aussi temps consacré par le consommateur à travailler pour acheter, entretenir son véhicule), autrement dit comme temps immobile consacré à produire de la mobilité ! Et Jean-Pierre Dupuy de conclure : « Loin d'être un instrument de gain de temps, l'automobile apparaît sous cet éclairage comme un monstre chronophage[3] »... Yves Crozet nuance cette affirmation, pertinente pour les déplacements intra-urbains, beaucoup moins pour les déplacements inter-urbains où les bénéfices de la vitesse atteinte surpassent ses coûts pour la société.

Concluons : il n'est pas sûr que le véhicule décarboné inaugure un monde débarrassé de l'imaginaire de la voiture individuelle... C'est dire que l'emprise de l'automobile, à la fois couteau suisse et symbole de statut social, doit commencer à décroître aussi dans nos têtes.

---

3. Y. Crozet, « À la recherche du temps gagné », annexe de l'ouvrage d'Ivan Illich, *Énergie et Équité*, Le Seuil, 1975.

GABS.

IDÉE REÇUE 2

« Le rail est le mode de transport le plus équitable »

L'image du rail est sociale : il s'agit après tout d'un transport en commun. Les départs en colonie, les familles nombreuses, la cohue qui s'ensuit, comment imaginer que ce mode de transport ne soit pas populaire et abordable pour tous ? De plus, la SNCF est une entreprise publique, endettée, non soumise à la loi du profit, avec des syndicats de cheminots puissants qui ont écrit leurs heures de gloire sous l'Occupation, comme en témoigne le célèbre film *La Bataille du rail*, de René Clément (1946). Mais l'équité n'est pas seulement sociale, elle est aussi territoriale. Pour nos élus, le réseau ferré doit couvrir de façon homogène le territoire, presque à la façon du métro pour la ville de Paris. L'idéal serait que chaque Français ait une gare ferroviaire à moins de 10 minutes à pied de chez lui, tous territoires confondus, villes, campagne, montagnes…

Commençons par l'équité sociale. Au niveau tarifaire, elle est réelle et louable pour toutes les catégories d'inactifs (jeunes, étudiants, chômeurs, seniors), qui bénéficient de tarifs réduits. Mais ce sont aussi ceux qui, en moyenne, se déplacent le moins. Si l'on se penche sur les actifs, l'enquête EMP 2019[1] montre que

1. INSEE, enquête « Mobilités des personnes » 2019. www.statistiques.developpement-durable.gouv.fr/resultats-detailles-de-lenquete-mobilite-des-personnes-de-2019

la part modale des transports en commun pour les déplacements du quotidien (en voyageurs-kilomètres) des cadres et professions intellectuelles supérieures est de presque 18 %, contre 13 % pour les employés, moins de 7 % pour les ouvriers et moins de 2 % pour les artisans, commerçants et chefs d'entreprise, à égalité avec les agriculteurs !

Pour les voyages[2] en voyageurs-kilomètres, le classement ne change pas, avec 10 % des cadres qui prennent le train, contre 3,6 % des ouvriers. L'analyse des évolutions de comportements concernant les voyages entre les enquêtes ENTD (Enquête nationale transports et déplacements) 2008 et EMP 2019, en incluant les vols internationaux, donne aussi des résultats trop méconnus : en 2008, les Français effectuaient 340 milliards de kilomètres dont 52 % en voiture, 30 % en avion et 14 % en train. En 2019, les Français effectuaient 453 milliards de kilomètres, dont 43 % en avion, 42 % en voiture et 10 % en train[3] : pourquoi un tel bouleversement ? L'augmentation des kilomètres parcourus, soit 113 milliards, est due pour 95 milliards à l'avion et 16 milliards à la voiture, l'usage du train n'ayant pratiquement pas bougé sur ce segment des voyages alors que la population augmentait ! Pire, si on segmente ces évolutions en distinguant le 4e quartile des ménages les plus aisés (15 millions), on constate que l'usage du train (donc le TGV) a augmenté de 32 % en onze ans sur ce 4e quartile, et qu'il a baissé de 23 % sur les trois autres quartiles ! Encore plus inattendu, l'usage de l'avion n'a augmenté « que » de 70 % sur le 4e quartile (ce qui représente tout de même 40 milliards de voyageurs-kilomètres),

2. Voyage : déplacement de plus de 80 km ou bien avec une nuitée hors du domicile.
3. Le reste concerne l'autocar et autres modes, et bien que l'échantillon des enquêtes pour ces modes soit trop faible pour en tirer des conclusions fiables, il semblerait que l'autocar ait fortement augmenté (150 %) pour le quartile des usagers les plus modestes. Les ordres de grandeur correspondent d'ailleurs à ceux des cars Macron.

et de 125 % sur les trois autres quartiles, soit 55 milliards de voyageurs-kilomètres ! Doit-on en déduire que les ménages les moins aisés ont plus intérêt à prendre l'avion que les plus aisés ?

À moins que ces disparités ne soient la traduction d'une inégalité spatiale face à l'augmentation du prix du train ? Les populations les plus favorisées habitent au cœur de métropoles richement dotées en transports en commun, où l'on se trouve plus près de la gare TGV que de l'aéroport, tandis que les habitants des périphéries n'ont comme moyen de transport que la voiture, qui est le véhicule à tout faire. Pour eux, la gare TGV est aussi loin que l'aéroport et ses vols *low cost*. Il est donc discutable d'affirmer que le train serait par nature plus équitable socialement. Chacun sait que pour une famille de quatre personnes, un voyage en train revient beaucoup plus cher que la voiture. Et si les transports en commun reviennent moins cher en milieu urbain pour les déplacements du quotidien, encore faut-il qu'ils soient accessibles à tous. C'est donc poser la question de l'équité territoriale.

Celle-ci n'est pas plus assurée. Il est toujours possible de se satisfaire d'une carte de France du réseau ferroviaire qui montre une répartition homogène sur l'ensemble du territoire. Il est moins facile de se demander si ce transport rencontre son public !

Comparons réseau routier et réseau ferroviaire. La force de la route est qu'elle est, par construction, exhaustive. Tout établissement humain est précédé d'une route pour acheminer les personnes, les matières premières, l'énergie, l'alimentation, les secours. C'est vrai en bord de mer, à la campagne, à la montagne. Sans route (ou au minimum une piste), pas de vie possible, elle est le réseau social premier et minimal, depuis la nuit des temps, inscrite par le pas des hommes, des animaux ou la roue des machines. Sa finesse de desserte ne pourra être concurrencée par aucun autre réseau (ferroviaire, fluvial), elle est le réseau en dernier ressort. Elle est la condition d'habitabilité d'un lieu, d'un lien au collectif. Un des problèmes des pays en développement est précisément la trop fréquente absence de route véritable, ce qui est un obstacle majeur à la pérennité des échanges, à la santé ou à l'éducation de base, car des routes en bon état sont l'outil fondamental pour mutualiser les biens communs au quotidien. Ajoutons que la route est agnostique et œcuménique : flanquée de trottoirs, elle accueille aussi bien la Tesla dernier cri que le camion du livreur, la petite citadine de quinze ans d'âge, la poussette, le déambulateur, le vélo, la trottinette ou le jogger.

Il faut donc pouvoir comparer l'équité territoriale offerte par la route à celle offerte par le rail. Un biais majeur dans la comparaison des cartes est qu'une route permet de s'arrêter quasiment partout, alors que le train (si tout va bien) ne s'arrête que dans les gares… Le réseau ferroviaire est en réalité un semis de points, ce qui fait qu'une ligne de chemin de fer n'est pas l'équivalent d'une route. Ce n'est pas un défaut en soi, il faut juste ne pas vouloir lui faire jouer un rôle qui n'est pas le sien, comme lorsque les maires de petites villes demandent chacun leur arrêt TGV. Le train n'aurait alors de TGV que le nom…

Il y a donc sur l'essentiel du territoire une distance incompressible entre l'usager et la gare ferroviaire la plus proche. Si l'on veut faire prendre le train, par quoi la combler ? L'argument officiel est de dire que seul le train (métro, tram, TER) rapproche du train… Il faudrait donc rouvrir des lignes ou en créer de nouvelles. Le coût d'approche ne semble pas compter dans l'équation, et c'est ainsi que débute la valse des milliards…

Le plus étrange est que l'équité territoriale du ferroviaire se réalise globalement pour les longs voyages (plusieurs centaines de kilomètres). À partir de n'importe quelle petite commune de l'un de nos départements, le voyageur rejoindra la gare du chef-lieu où il prendra un TGV, un Intercités ou un TER qui, moyennant un changement, le conduira à sa destination. Le voyageur qui, plusieurs fois par an, effectue un déplacement de plusieurs centaines de kilomètres, dispose donc d'une alternative à la voiture individuelle, et c'est là toute la vertu du réseau ferroviaire conçu par Charles de Freycinet sous la Troisième République pour relier toutes les sous-préfectures et les chefs-lieux de cantons.

Qu'en est-il à présent de l'usager dans ses déplacements du quotidien longs ? Celui-là ne souhaite pas faire un grand voyage, mais simplement travailler, étudier, se soigner ou se divertir dans des lieux qui le permettent. Pour lui, l'alternative à la voiture individuelle n'existe que dans 10 % des cas. À partir du moment où ce mode de transport (souvent un diesel d'occasion) est appelé à disparaître, la question qui se pose est de savoir s'il est en mesure, comme le grand voyageur, d'enchaîner plusieurs modes pour atteindre sa destination dans une métropole, à partir de n'importe quelle commune du territoire.

La réponse est négative : les inégalités d'accès sont présentes partout et se sont même aggravées en cinquante ans ! Pour s'en convaincre, il nous faut recourir à des données beaucoup plus précises que celles des enquêtes *ad hoc*. Les recensements opérés par l'Insee permettent d'atteindre la granularité nécessaire : ils ne fournissent certes que le lieu de travail des actifs en situation d'emploi, mais ce sont des données précises sur tout le territoire national, comparables entre elles sur un temps long. Bien sûr, le motif de déplacement vers le lieu de travail ne représente que 28 % du total des déplacements longs du quotidien en moyenne sur la journée, mais, comme on pouvait s'y attendre, 80 % aux heures de pointe. Le nombre de « navetteurs longs » (lieu de travail à plus de 10 km à vol d'oiseau du domicile)[4] offre donc un excellent indicateur pour estimer les besoins de déplacement, pour comparer les offres de transport. Seul ce qui se mesure s'améliore !

4. Les « navettes longues » sont par analogie avec les DQL les déplacements domicile-travail de plus de 10 km.

Cet indicateur permet de mener des analyses globales sur le comportement des actifs selon leur lieu de résidence, par exemple à l'échelle des régions, en distinguant plusieurs tailles de communes. En prenant un échantillon de trois régions représentatives (hors Île-de-France, cas atypique), Occitanie, Nouvelle-Aquitaine, Auvergne-Rhône-Alpes, on constate que cet ensemble de 20 millions d'habitants abrite 2,6 millions d'actifs effectuant des navettes longues quotidiennes. Leur portée moyenne est de 24 km à vol d'oiseau (30 km parcourus), un chiffre qui varie assez peu d'un territoire à l'autre.

Le pourcentage d'actifs qui effectuent ces navettes est de 33 % à l'échelle du panel. Il augmente régulièrement à mesure que l'on s'éloigne des grandes villes : 8 à 15 % pour les grandes agglomérations, 30 % pour les villes de 10 à 20 000 habitants, enfin 45 % pour les actifs résidant dans l'une des 10 800 communes de moins de 2 000 habitants situées en dehors de l'aire des métropoles (ce qui représente 5,7 millions de personnes). Ce ratio dépend bien sûr du ratio emplois sur actifs, mais bien moins que ce que l'on pourrait imaginer. À titre d'exemple, si l'on prend en compte toutes les communes qui ont un ratio emplois sur actifs en situation d'emploi supérieur à 120 %, on constate qu'en moyenne 20 % des actifs de ces communes effectuent des navettes longues pour aller chercher leur bonheur à une trentaine de kilomètres.

Dans ces trois régions, la part modale du transport en commun est très faible, de l'ordre de 6 % : seuls 160 000 navetteurs longs y ont recours pour leurs trajets domicile-travail, ce qui représente environ 250 000 déplacements effectifs (aller + retour) après déduction des actifs qui ne se déplacent pas (congés, maladie, télétravail). Ce chiffre est à rapprocher de la fréquentation des TER (tous motifs confondus) dans ces trois mêmes régions : 4,5 milliards de voyageurs-kilomètres pour l'année 2018 (source ART, Autorité de régulation des transports), soit

245 000 déplacements de 50 km par jour, dont environ 80 000 à 100 000 ayant pour motif le trajet vers le lieu de travail : le TER représente donc environ la moitié du transport en commun et le car sous différentes formes peu visibles (cars classiques ou express, transports mis en place par les entreprises) assure l'autre moitié.

En dehors des métropoles, cette part modale des transports en commun s'établit en moyenne pour notre panel à 12,2 % pour les villes de plus de 20 000 habitants (mais qui n'émettent que 210 000 navetteurs longs), et comme on pouvait s'y attendre, elle est extrêmement faible pour les petites communes. Elle s'élève à 2,8 % en moyenne pour les 1 050 000 actifs effectuant des navettes longues et qui résident dans les communes de moins de 2 000 habitants, à 4,8 % pour les actifs de la tranche suivante (2 000 à 5 000 habitants). Ces deux tranches, qui totalisent tout de même 9 millions d'habitants soit 45 % du total, concentrent 1,6 million de navetteurs longs, soit 62 % du total. En pratique, ils n'ont que la voiture pour effectuer leurs navettes longues, et ce qui est vrai du motif travail l'est *a fortiori* des autres motifs (école, santé, loisirs…), car ces commodités sont encore plus concentrées dans les grandes villes que ne le sont les emplois. L'Insee a publié en 2019 une carte impressionnante donnant la proportion des salariés se déplaçant principalement en voiture dont le lieu de travail se situe à plus de 25 km de leur domicile parmi l'ensemble des salariés[5], et cette carte résume à elle seule les deux pages de chiffres qui précèdent, car elle montre clairement que les périphéries lointaines des grandes villes concentrent la majorité des navetteurs très longs : les habitants de ces territoires sont les plus grands oubliés de la République !

Avec ce même indicateur, on peut également mener des analyses partant non plus du lieu de résidence (origine du déplacement), mais du lieu de travail (destination). Une telle

5. Carte n° 5, *Insee Focus*, n° 143 - www.insee.fr/fr/statistiques/3714237

approche permet d'évaluer le degré de dépendance d'un territoire à l'égard des bassins d'emplois environnants, ainsi que l'aptitude des transports en commun à en faciliter l'accès. Les quatre plus grandes villes des trois régions (Lyon, Toulouse, Bordeaux et Montpellier) abritent un million d'emplois, dont 310 000 sont occupés par des navetteurs longs. La part modale des transports en commun s'élève à 37 % pour les navetteurs longs à destination de Lyon, à 18 % pour Bordeaux, 11 % pour Toulouse et 10 % pour Montpellier. Par ailleurs, ce même indicateur d'accès aux emplois de la vingtaine de grandes villes des trois régions (50 000 à 200 000 habitants, hors métropoles) montre une grande hétérogénéité des parts modales des transports en commun. Pour une moyenne de 7,5 %, on trouve douze villes entre 3 et 7 %, cinq villes entre 7 et 14 %, une ville à 25 %[6] ! À quoi est due cette variabilité ? D'une part, aux diverses efficacités des systèmes de transport en commun ferroviaires et routiers mis en place. À titre d'exemple, les habitants de la région Auvergne-Rhône-Alpes effectuent 311 km en moyenne par an en TER, contre seulement 158 en Aquitaine, et 159 en Occitanie (source ART). D'autre part, la topographie et la densité d'occupation de l'aire d'attraction de la ville jouent un rôle majeur : une topographie montagneuse concentre les lieux de vie et les infrastructures de transport dans les vallées, et cette massification naturelle est favorable pour le développement des modes lourds. Enfin les politiques menées par la ville-centre[7] en matière de place de la voiture (stationnement, plan de circulation…) jouent également un rôle majeur.

6. Le nom de cette ville est révélé dans l'entrée 10.

7. Dans le cas d'une grande agglomération composée de plusieurs villes ou communes, la « ville-centre » désigne la ville qui représente plus de la moitié de la population de l'agglomération. www.insee.fr/fr/metadonnees/definition/c1441

Preuve supplémentaire s'il en fallait, une note de l'Insee publiée en mai 2023[8] atteste que le trajet médian entre le domicile et le travail a augmenté de moitié en vingt ans pour les habitants des zones rurales : « Ainsi, un actif sur deux résidant dans le rural parcourt plus de 13 km pour se rendre au travail ; au total, ces habitants effectuent chaque jour près de 320 millions de kilomètres aller et retour contre 200 millions en 1999. » Et ces actifs dans le rural ne sont pas une espèce en voie de disparition : « En vingt ans, la population active en emploi croît deux fois plus vite dans le rural que dans l'urbain. » Conclusion : « Très peu d'actifs en emploi ruraux ont recours aux transports en commun… 2 % contre 15 % pour l'ensemble de la population. »

On peut tirer des conclusions générales de ces analyses détaillées sur un panel de trois régions (hors Île-de-France) représentant 20 millions d'habitants : tout d'abord, tous les territoires émettent des navettes longues, quel que soit le ratio emplois sur actifs. Ensuite, hors métropoles, les petites communes (moins de 2 500 habitants) émettent cinq fois plus de navettes longues que les villes de plus de 20 000 habitants, et cet écart s'aggrave. Par ailleurs, dans les petites communes, la part modale des transports en commun pour les navetteurs longs, qui n'est que de quelques pourcents, est trois à quatre fois plus faible que dans les villes. Enfin, lorsqu'on analyse les navettes à la destination, au lieu d'emploi, on constate que la part modale des transports en commun varie considérablement au sein de chaque catégorie de commune, quelle que soit la taille. Pour cette classe de distance, nos systèmes de transport collectifs du quotidien sont donc non seulement insuffisants, mais profondément inégalitaires !

Pour mieux le comprendre, rappelons qu'un déplacement, c'est une origine, une direction et une destination, et qu'à chacune de ces étapes, des évolutions défavorables aux usagers se sont

8. *Insee Première*, n° 1948, mai 2023.

produites ces dernières décennies. Pour reproduire le modèle mis au point par Charles de Freycinet pour les voyages de plusieurs centaines de kilomètres, il faudrait pouvoir enchaîner un premier déplacement pour rejoindre une gare (on appelle cette phase le « rabattement à l'amont »), puis un trajet rapide avec un train du quotidien, enfin un dernier déplacement pour rejoindre la destination finale (les derniers kilomètres ou la phase appelée « diffusion à l'aval »), comme les quelques stations de métro dans les villes qui en sont équipées.

Quels sont les grains de sable qui viennent enrayer ce bel engrenage ? Tout d'abord, si l'usager accepte de faire 15 ou 20 km pour rejoindre la gare qui lui permettra de faire un voyage de 300 km, toutes proportions gardées il acceptera de faire 1,5 ou 2 km pour rejoindre une gare qui lui permettra de faire 30 km en train. Autrement dit, le rayon d'attractivité d'une gare peut atteindre 20 km pour un voyage, mais il est divisé par dix lorsqu'il s'agit des déplacements longs de la vie quotidienne. Par ailleurs, on a assisté historiquement à une explosion de ces déplacements, sans aucun précédent connu. Ils sont nés après la Seconde Guerre mondiale, avec l'exode rural, l'expansion des villes et le triomphe de la voiture. De nouvelles motivations et de nouvelles contraintes ont émergé. On habite de plus en plus loin de son lieu de travail. Dans les zones rurales, le ratio emplois sur actifs baisse régulièrement : en cinquante ans, nous sommes passés d'une société où la plupart des actifs avaient leur emploi à proximité à une tout autre, où les emplois se concentrent dans les grands pôles urbains. Le ratio emplois sur actifs s'est considérablement dégradé dans les petites communes rurales ou périphériques, et ce sont ces petites communes qui fournissent les plus gros bataillons de navetteurs longs. De plus, avec l'urbanisation et la multiplication des véhicules, l'accès en voiture à la gare du bourg le plus proche s'est dégradé : les parkings en milieu urbain ne sont pas extensibles à l'infini, tandis que la voiture est de moins en moins la bienvenue en raison des nuisances (bruit, pollution) qu'elle cause. Enfin, bien des services publics ont disparu dans les villages, les bourgs et mêmes les petites villes. Les motifs de déplacement sont donc plus fréquents, plus pressants et plus nombreux.

Les directions sont également plus variées. Il y a un siècle, aller en ville, c'était aller toujours dans la même, la plus proche. De nos jours, les destinations d'un habitant en zone rurale sont plus complexes et diversifiées. Elles ne recoupent que partiellement le réseau ferroviaire. Parallèlement, la zone d'influence des métropoles s'est considérablement étendue, et cette extension a agrandi les « trous dans la raquette » du ferroviaire. Prenons l'exemple d'une étoile ferroviaire à cinq branches centrée sur une grande ville : tout point du territoire situé sur un cercle de 10 km de rayon est à moins de 6 km d'une branche ferroviaire. Si, plusieurs décennies plus tard, cette ville draine des usagers jusqu'à 40 km, à cette distance-là notre cercle acquiert une circonférence de 245 km, et les trois quarts des communes situées sur ce cercle sont à bien plus de 6 km d'une branche. C'est précisément pour cette raison que l'étoile ferroviaire centrée sur Paris possède une bonne vingtaine de branches, sans que cela suffise pourtant à la tâche.

Enfin, en termes de destination, les rares gares du réseau ferroviaire dans les grandes villes ne suffisent pas à assurer une bonne desserte. L'essor des villes et l'étalement urbain ont éloigné des gares les grands services publics comme l'université, le centre administratif, l'hôpital, ou même le stade, le théâtre ou le cinéma. Il y a cinquante ans, en sortant de la gare Matabiau de Toulouse ou de la gare Saint-Charles de Marseille, le voyageur était près de tout, aujourd'hui il doit, dans bien des cas, entamer une troisième et longue étape de son trajet. La métropolisation a enfoncé le clou : certains équipements ou services publics ne sont plus présents en ville, mais seulement dans la grande banlieue.

L'enchaînement idéal, qui alignerait un rabattement d'une longueur raisonnable, une ligne ferroviaire avec la bonne direction et les bonnes fréquences, enfin une diffusion de qualité à l'aval, est percuté de plein fouet par une double dispersion : dispersion des points de départ des actifs de plus en plus nombreux dans le monde rural et périphérique, et dispersion des destinations dans les métropoles. Pour conserver dans les déplacements du quotidien l'efficacité dont le modèle ferroviaire fait preuve pour les voyages, il faudrait tout à la fois augmenter le nombre de branches des étoiles ferroviaires, multiplier les gares, améliorer les fréquences, et s'assurer que la métropole concernée dispose à l'aval d'un système de diffusion finale puissant, rapide et maillé, comme le métro parisien avec ses 14 lignes et ses 308 stations.

Équité sociale, équité territoriale : le train peut donc être équitable pour certains, très inéquitable pour d'autres. Tout dépend d'un savant équilibre entre les trois phases du déplacement : les premières et dernières phases doivent être suffisamment réduites par rapport au transit principal, sans quoi le changement modal paraîtra trop fastidieux. Qui voudrait abandonner sa voiture après 10 km pour faire 10 km de transport en commun, sans même encore arriver à destination ?

Il existe pourtant un mode de transport collectif qui assure une bonne équité territoriale sur ces déplacements longs de la vie quotidienne : le transport scolaire ! Force est de constater qu'il est basé sur des lignes d'autocars. Il n'a pas que des avantages, car les écoliers, collégiens et lycéens n'ont pas de voiture et doivent être récupérés au plus près de leur domicile, avec des lignes qui empruntent souvent des voies communales et de nombreux arrêts. Il en résulte une vitesse commerciale faible et des coûts d'exploitation élevés. Ce n'est donc pas un modèle généralisable, mais lié à un besoin et un public très particuliers.

Mais il nous rappelle que si l'on recherche une alternative à la voiture pour aller dans une grande ville, qui soit accessible de manière équitable au plus grand nombre et au meilleur coût pour la collectivité, il faut s'inspirer des modèles d'organisation des transports qui ont fait leurs preuves (voir idée reçue 10) !

Domicile des 3,3 millions d'automobilistes ayant leur emploi à plus de 25 km.

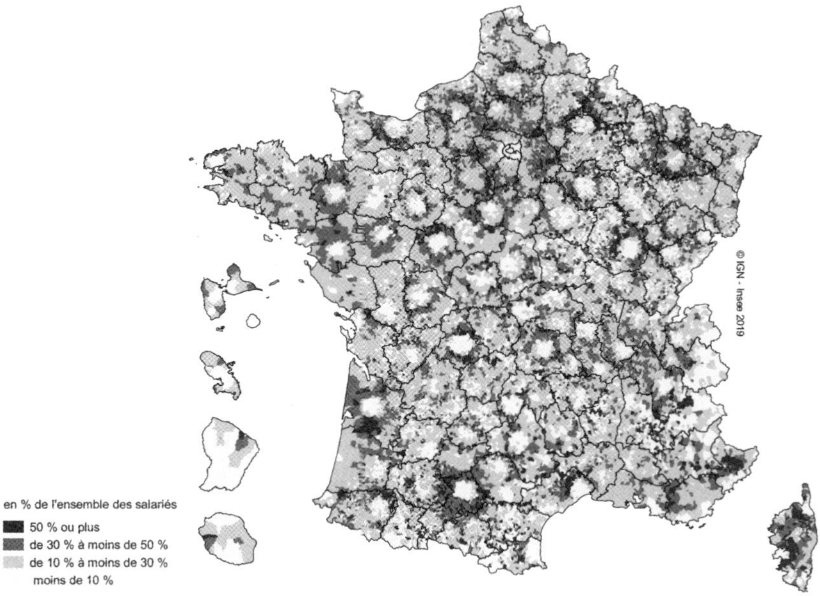

Source : INSEE Focus, *n° 143, février 2019.*

La carte donne pour chaque commune la proportion d'actifs de cette commune qui se rendent en voiture sur leur lieu de travail situé à plus de 25 km. Elle distingue 4 tranches, allant de moins de 10% pour les zones blanches à plus de 50% pour les zones les plus sombres.

IDÉE REÇUE 3

« Ces mauvais Français du monde d'avant qui font 30 km pour aller au boulot »

Chaque matin, ils se lèvent et prennent leur voiture, le plus souvent un horrible diesel d'occasion. Les voilà qui sortent du garage et s'élancent sur la route pour un trajet de plusieurs dizaines de kilomètres pour rejoindre leur lieu de travail, tout en polluant égoïstement l'air que respirent les autres. Sans doute mangent-ils aussi de la viande rouge, boivent-ils et fument-ils plus que de raison. Il est urgent de les éduquer, de les taxer, de les surveiller, de les sanctionner, tout en priant pour qu'ils ne se transforment pas en hordes de Gilets jaunes, Bonnets rouges ou Chaussettes bleues…

Ce point de vue, partagé par nombre d'élites bien-pensantes, habitant le plus souvent à quelques dizaines de mètres d'une station de métro parisienne, se heurte à quelques réalités qu'il convient d'exposer. Tout d'abord, les déplacements du quotidien longs (DQL) ne sont pas l'apanage d'une tribu de barbares égarés dans les années 1970. La très grande majorité des Français (et même des Franciliens) est amenée à faire de longs déplacements quotidiens, pour divers motifs, le plus fréquent étant le trajet vers le lieu de travail. Deux salariés sur trois ont leur emploi en dehors de leur commune de résidence : on les appelle les « navetteurs ». Entre 1999 et 2013, la part de ces navetteurs dans l'ensemble des personnes ayant un emploi a augmenté de 6 points, passant de

58 % à 64 %[1]. Cette hausse concerne l'ensemble du territoire français. En 2013, la moitié de ces navetteurs travaillaient dans une commune distante de plus de 15 km de leur domicile. Depuis 1999, la distance médiane[2] a même augmenté de 2 km. Ce sont les navetteurs qui génèrent, et de loin, les besoins de transport les plus importants. En cause, l'étalement urbain (recherche d'un logement plus confortable et/ou moins coûteux), mais aussi notre société de liberté, de mobilité et d'information, où de moins en moins de personnes apprécient de se sentir assignées contre leur gré à un travail, une région, un conjoint…

Examinons, à titre d'échantillon, l'indicateur des navettes longues (INL, voir idée reçue 10) pour la région Auvergne-Rhône-Alpes, en retenant seulement les navettes de portée de plus de 10 km. On constate que 32 % des actifs de la région sont concernés, dont seulement 9 % utilisent les transports en commun. Dans la métropole de Lyon, ce sont 18 % des actifs qui sont concernés, 20 % seulement d'entre eux prenant les transports en commun. Enfin 44 % des actifs des 3 200 communes (hors métropole) de moins de 2 000 habitants sont concernés, et seuls 4 % d'entre eux utilisent un transport en commun.

À l'échelle de cette région, on s'accordera à dire que les « mauvais Français » font beaucoup de monde. Mais dans tous les territoires, des métropoles aux plus petites communes, on trouve des Françaises et des Français qui ont tout simplement trouvé l'emploi qui leur convient (ou dont ils ont besoin), mais qui pour s'y rendre doivent faire un déplacement important, le plus souvent en voiture. Le centre de l'Île-de-France, autrement dit une tête d'épingle à l'échelle nationale, constitue l'exception qui confirme la règle.

---

1. *Insee Première*, n° 1605, juin 2016.
2. La moitié des navetteurs parcourt plus que la distance médiane, l'autre moins.

La région francilienne elle-même n'y échappe pas spécialement. L'INL à l'échelle de la région montre que 36 % des actifs de la région sont concernés, dont 49 % prennent un transport en commun. Cela signifie que le pourcentage de navetteurs longs est donc pratiquement le même dans les régions Île-de-France et Auvergne-Rhône-Alpes, avec cette différence que la part de ces navetteurs qui utilisent les transports en commun est huit fois plus élevée dans la première : on mesure l'effet positif de l'exceptionnel système de transports en commun francilien, mais ce taux de 49 % signifie aussi qu'un navetteur long francilien sur deux (soit au total 930 000 actifs) prend sa voiture, et cela malgré la puissance de ces transports en commun.

Considérons maintenant deux catégories contrastées entre la partie dense de la région (Paris métropole avec ses 7 millions d'habitants) et les quatre départements de la grande couronne (5,5 millions d'habitants) : dans la zone dense, l'INL est de 25 %, dont 39 % en voiture, et en grande couronne, il est de 52 %, dont 58 % en voiture.

Enfin à l'échelle des 700 communes (hors métropole) de moins de 2 000 habitants, l'INL grimpe à 65 %, dont 71 % en voiture : l'INL permet de mesurer comment évolue la proportion d'actifs qui effectuent des navettes longues, mais également l'évolution du degré de dépendance à la voiture lorsqu'on s'éloigne du centre, ou lorsqu'on s'éloigne des villes petites et moyennes (les plus à même d'offrir une gare).

On comprend mieux l'offensive de la région Île-de-France et du président du Conseil départemental de l'Essonne, François Durovray, en faveur d'un réseau complémentaire de lignes d'autocars !

À l'échelle nationale, si l'on sépare dans l'enquête EMP 2019 les déplacements du quotidien (tous motifs et tous modes confondus) en deux catégories, moins et plus de 10 km, on constate que les Français effectuent chaque jour de semaine (hors week-end) 130 millions de déplacements de proximité d'une longueur moyenne de 2,8 km, et 50 millions de déplacements longs d'une longueur moyenne de 24 km (voir idée reçue 14). On peut donc gémir et se plaindre de l'ampleur de ces déplacements longs, ils sont la réalité du mode de vie d'une majorité de Français, une fois que l'on a fait abstraction de l'étrange village parisien. Au-delà des faits, les jugements de valeur doivent être pour le moins nuancés. La fameuse proximité n'a rien en soi de positif ou de négatif, de même que les déplacements longs. Tous deux sont l'expression d'une quête de bien-être et de liberté. Se déplacer dans un vaste rayon, c'est multiplier les occasions d'apprendre, de travailler, d'étudier, de se soigner. Il n'est pas étonnant que durant les Trente Glorieuses, mobilité et croissance économiques aient été étroitement corrélées.

Revenons aux causes profondes de cette augmentation des déplacements du quotidien. L'étalement urbain, on l'a vu, est généralement invoqué : avec l'arrivée du premier enfant, bien des familles n'ont pas les moyens de s'offrir un logement avec une chambre supplémentaire, et souhaitent également un petit extérieur, terrasse ou jardin. On a longtemps vu dans ce phénomène un mal nécessaire, qu'il fallait toutefois déplorer et endiguer. Pourtant, les distances n'ont cessé de croître, et à l'étalement urbain s'est ajouté le dédoublement de ville. On travaille à Paris et on habite au Mans… Ce n'est plus de l'étalement, mais de la stratégie. Ce nouvel aménagement du territoire privé est directement lié à un marché de l'emploi toujours plus fluide et changeant, dans ses qualifications, dans ses contrats, dans ses missions. Rappelons que la plupart des jeunes ne trouvent leur premier CDI qu'entre 27 et 29 ans[3] ! Doivent-ils déménager

3. J. Viard, *Un nouvel âge jeune*, Éditions de l'Aube, 2019 ; A. Dulin, « Droits formels/droits réels : améliorer le recours aux droits sociaux des jeunes », avis du CESE, juin 2012.

à chaque changement de poste ou d'employeur ? La variable d'ajustement de ce nouveau monde est clairement une mobilité accrue, à laquelle personne ne souhaite renoncer.

Néanmoins, dans les hautes sphères métropolitaines, on s'est aperçu (à juste titre) que les transports étaient le secteur le plus émetteur de gaz à effet de serre, à commencer par la voiture individuelle. Celle-ci étant jugée (depuis un VTC ou un vélo électrique parisiens) en voie d'extinction, on a pu tenter de ramener à la raison ces tribus d'irréductibles par des taxes variées, jusqu'à s'apercevoir, comme nous venons de le faire, qu'ils étaient trop nombreux pour qu'un gouvernement démocratique se permette de les ignorer. Parisien ou provincial, un haut fonctionnaire n'avait pourtant qu'à lire les notes de l'Insee ou les enquêtes nationales sur les transports et déplacements depuis 1982 pour voir que les distances parcourues au titre de la mobilité locale ne cessaient d'augmenter. D'où vient cet aveuglement ?

Pour l'économiste Jean-Pierre Orfeuil[4], le quiproquo s'explique simplement par le fait qu'on s'est plus intéressé au *nombre* de déplacements qu'à leur *portée*. En nombre, les DQL sont bien une petite minorité. En distances parcourues, ils sont très majoritaires (voir idée reçue 8). Les enquêtes nationales sur les transports étaient peu utilisées par les communes et les enquêtes sur les ménages et déplacements s'intéressaient peu aux distances parcourues. L'attention des décideurs a longtemps été monopolisée par les villes et les métropoles, lieux d'énormes investissements. Ce travers a tendance à persister de nos jours…

Toujours selon l'EMP 2019 évoquée plus haut, les Français parcourent au titre des déplacements de proximité (moins de 10 km) 370 millions de kilomètres chaque jour (et ce

4. J.-P. Orfeuil, « Un milliard de déplacements par mois en région », rapport INRETS n° 107, 1989.

volume a diminué de 10 % en dix ans !). Au titre des déplacements du quotidien longs, les Français parcourent chaque jour 1 200 millions de kilomètres (augmentation de 20 % en dix ans). Ceux-ci étant d'une portée moyenne de 24 km, les transports en commun classiques (bus, tram ou métro) ne sont ni conçus ni utilisés pour des déplacements de cette ampleur : seuls le TER, le Transilien et le RER y répondent tant bien que mal. En conséquence de quoi, hors Île-de-France, 92 % de ces déplacements longs sont effectués en voiture !

Cinquante millions de déplacements longs pour 60 millions d'habitants : il est difficile de dire que seuls seraient concernés le périurbain ou le rural profond… Même dans le centre urbain le plus emblématique de l'idéal de densité et de mobilité vertueuse, notre belle capitale, l'Insee nous rappelle que parmi les 1 076 000 actifs, 334 000, soit un sur trois, dédaignent les près de 2 millions d'emplois parisiens « de proximité » et vont trouver leur bonheur (ou leur gagne-pain) à une vingtaine de kilomètres (voir idée reçue 11)[5]. On observe le même phénomène dans les 36 000 communes de France, quel que soit le ratio emplois sur actifs, à l'international, et même à… Roissy-en-France, commune ayant un nombre d'emplois vingt fois supérieur au nombre d'actifs, 23 % des actifs sont des navetteurs longs.

Par ailleurs, ces quantités impressionnantes de déplacements ne sont pas gratuites. Un trajet long quotidien pour se rendre au travail peut représenter près de 1 300 km parcourus par mois, à traduire en autant de pleins d'essence, dont le prix au litre est surveillé de très près par les pouvoirs publics. S'il y avait des solutions de substitution désirables et réalistes, gageons que nos automobilistes s'en empareraient aussitôt. On pourrait dire qu'ils se fabriquent eux-mêmes et à leurs frais l'équité territoriale qui

5. « Près de 60 % des actifs travaillant à Paris ne résident pas dans la capitale », *Insee Flash Île-de-France*, n° 55, février 2021.

leur est refusée, alors qu'elle est accordée aux métropoles, avec une forte contribution financière des contribuables (voir idée reçue 2).

Ces DQL sont une forme de nouveau contrat social, économique, culturel, dans une société qui se nourrit de mouvements browniens. Il est vain de s'imaginer pouvoir les réduire ou les supprimer, ni même de les massifier dans de lourdes infrastructures, car ils sont très dispersés et changeants. Seule une petite part d'entre eux peut faire l'objet d'une offre de transport combinant plusieurs modes. Pour la majorité, il faut inventer un mélange subtil entre de nouveaux véhicules individuels légers, et une culture de l'entraide et du partage (covoiturage, mutualisation, location) qui permet de doubler le taux d'occupation des véhicules (voir idée reçue 4).

Last but not least, la stigmatisation des « mauvais Français » n'est pas seulement inutile, elle est injuste. Certes, ces navetteurs polluent au quotidien bien plus qu'un Francilien doté d'un passe Navigo, mais la donne s'inverse dès qu'il est question de voyages au long cours en avion. Selon les enquêtes nationales sur les transports (1994 et 2008), les Parisiens et les habitants de la première couronne, fiers de leurs transports en commun ou de leurs circulations douces, sont aussi ceux qui prennent le plus l'avion ! Plus précisément, les habitants des grandes aires urbaines (plus de 700 000 habitants), qui représentent 40 % de la population, voyagent pour 9 000 km par an, dont 4 300 en avion… Les 24 % de Français habitant dans les aires moyennes (24 % de la population) effectuent 8 300 km par an, dont 3 700 en avion. Quant au reste, nos très mauvais Français, soit 37 % de la population, n'effectuent que 5 700 km par an, dont 2 000 seulement en avion. N'oublions pas qu'un simple aller-retour de Paris à New York représente une tonne de CO_2 par passager, alors que l'objectif 2050 est de deux tonnes annuelles par Français, tout compris ! Nos mauvais rouleurs périurbains ou ruraux retrouvent soudain leur supériorité morale. C'est ce que les chercheurs Jean-Pierre Orfeuil et Danièle Soleyret ont appelé « l'effet barbecue[6] » : au lieu de prendre l'avion pour ses loisirs, le navetteur des zones périphériques se contente de faire griller des saucisses dans son jardin[7]... Le diable se cache souvent dans les détails, ou plus précisément dans les zones d'ombre des opinions préconçues...

6. J-P. Orfeuil, D. Soleyret, « Quelles interactions entre les marchés de la mobilité à courte et longue distance ? », *Recherche Transport Sécurité*, 2002, vol. 76, p. 208-221.
7. Cette thèse est parfois contestée (voir notamment Sébastien Munafò, « Forme urbaine et mobilités de loisirs : l'"effet barbecue" sur le grill », *Cybergeo : European Journal of Geography*), mais la querelle porte plus sur la vertu de l'urbanisme que sur la question des émissions des transports.

IDÉE REÇUE 4

« Il faut lutter contre l'autosolisme ! »

Qui n'a pas été frappé, un petit matin de semaine, par les innombrables véhicules, souvent d'imposants SUV de deux tonnes, occupés par leur seul conducteur ? Certes, cet unique passager se déplace dans la plupart des cas pour se rendre sur son lieu de travail, et il ne dispose pas, le plus souvent, de solution alternative. Mais le problème du taux de remplissage est général (à ceci près que le vélo et la trottinette ont en général un taux de remplissage remarquable…), et il faut donc commencer par homogénéiser cet indicateur avec celui utilisé pour les autres modes de transport et l'exprimer en pourcentage de l'offre de places assises. Si seul ce qui se mesure s'améliore (voir idée reçue 14), encore faut-il pouvoir comparer avec les autres modes de transport. Au sein des voitures, il faut également distinguer le cas des petites citadines à quatre places et des grosses berlines de cinq places. Notons que ces taux (pour la voiture et le train) sont difficiles à mesurer[1], mais le digital devrait permettre des améliorations.

Pour les voitures, il faut également distinguer entre déplacements du quotidien et voyages. Sur les premiers, le taux

1. Beaucoup d'enquêtes (et donc de résultats sur les taux d'occupation) portent sur les Français de plus de 6 ans, et certaines études tentent de réintégrer les enfants de moins de 6 ans.

d'occupation moyen pour une voiture à cinq places est de seulement 1,45 passager, ce qui correspond à 28 % de l'espace disponible[2], et de 36 % pour une petite citadine de quatre places. Entre trois quarts et deux tiers des capacités sont donc négligées, avec des émissions de GES par personne qui explosent d'autant. Au sein de cette catégorie, ce sont les déplacements pour le motif domicile-travail qui affichent les taux d'occupation les plus faibles (environ 1,1). Comme on pouvait s'y attendre, ce taux s'améliore pour les voyages, il est de 2,25 (soit 45 % de taux de remplissage) pour une berline de cinq places. Après plusieurs décennies de baisse, le taux d'occupation moyen des voitures françaises s'est stabilisé entre 2008 et 2019 à environ 1,6 (soit 32 %). Il était de 1,8 en 1990.

L'autosolisme concerne donc avant tout les trajets domicile-travail. Il est également beaucoup plus fréquent pour les déplacements professionnels que pour les déplacements personnels (les familles, les jeunes, les ménages modestes et les femmes se déplacent plus souvent en voiture à plusieurs)[3]. Un embouteillage sur le périphérique parisien donne une impression de trop-plein, mais en réalité, c'est un trop-vide qu'il faut déplorer.

Le taux de remplissage des voitures est un levier d'action majeur dans la décarbonation des transports, puisqu'il ne nécessite ni rupture technologique massive ni nouvelles infrastructures lourdes. C'est avant tout un problème d'usages et d'habitudes. La Stratégie nationale bas carbone 2 prévoit un taux revenant en 2050 à 1,8 (sa valeur d'il y a trente ans), soit une diminution théorique de la circulation automobile de 16 %. Un impact supérieur à celui attendu du report modal vers les modes ferrés !

---

2. Source : Datalab Essentiel n° 281, « Se déplacer en voiture, seul, à plusieurs ou en covoiturage ? », juillet 2022. Le taux d'occupation en 2019 est de 1,45 pour les déplacements du quotidien, et de 2,25 pour les voyages (1,6 en moyenne pondérée).
3. *Ibid.*

On comprend mieux le zèle des pouvoirs publics en faveur de tous les modes de covoiturage…

Il y a cependant loin de la coupe aux lèvres. Si 59 % des déplacements en voiture sont effectués à plusieurs, l'essentiel sont le fait de membres d'une même famille. Seuls 3 % des passagers déclarent avoir eu recours au covoiturage, c'est-à-dire à une voiture qui n'appartient pas à leur ménage[4]. La majorité de ces déplacements relèvent du covoiturage informel, entre amis ou collègues. La question est désormais de massifier ce mode de transport, en le sortant du simple cercle des affinités électives et des bonnes volontés. Les gestionnaires routiers (État, départements, communes, sociétés d'autoroutes) déploient des parcs-relais pour favoriser la rencontre entre conducteurs et covoiturés. Le covoiturage domicile-travail est encouragé par les forfaits mobilité durable ou par une prime[5]. Enfin, à l'heure du numérique, les plateformes spécialisées ont une vraie force de frappe : plus d'un million de trajets ont ainsi été effectués par covoiturage *via* les plateformes en mars 2023, avec une très forte croissance d'une année sur l'autre[6]. Néanmoins, cette pratique reste marginale : elle ne représente qu'un millième des déplacements longs du quotidien. Le potentiel reste entier ! L'objectif officiel est de tripler le nombre de trajets d'ici 2027. Notons au passage que nous ne prenons pas en considération les véhicules utilitaires légers à deux ou trois places des professionnels, dont l'utilisation est très spécifique.

---

4. *Ibid.*
5. Le forfait mobilités durables sur des trajets domicile-travail peut être partiellement pris en charge par l'employeur, pour le secteur privé (jusqu'à 800 € par an) et pour le secteur public (300 € cumulables avec le remboursement de l'abonnement aux transports en commun). Depuis 2023, une prime de 100 € peut être versée aux conducteurs assurant du covoiturage courte distance *via* les plateformes.
6. Voir les chiffres de l'Observatoire national du covoiturage au quotidien, sur le site observatoire.covoiturage.beta.gouv.fr/dashboard

Mais si le taux de remplissage est si stratégique, pourquoi le limiter à la voiture individuelle, qui n'est que le cas le plus voyant ? Un train ou un bus occupés au quart de leurs capacités sont-ils plus satisfaisants ? Concernant les bus et les autocars sous gestion publique, on sait que les taux sont faibles dans les bus urbains (source OMNIL, Observatoire de la mobilité), élevés dans les cars interurbains type Macron. On retrouve donc le clivage entre des taux faibles pour les transports du quotidien et des taux élevés pour les voyages. Y a-t-il une fatalité à cela ? Les voyages se planifiant, est-il plus facile de remplir les véhicules ? La continuité du service public de proximité implique-t-elle nécessairement de longues heures de passage à (quasi) vide ? Il est difficile d'y répondre.

Concernant le transport ferroviaire, la réponse à l'idée reçue 9 nous rappelle que le TGV a un bon taux d'occupation (67 %, source ART) et que sur le segment des voyages la voiture est de 45 % (2,25 personnes) mais on apprend, dans Datalab Essentiel n° 281, que 61 % des ménages les plus modestes (1er quartile) se déplacent avec au moins trois personnes à bord dans le cadre de leurs voyages : on comprend mieux qu'ils soient beaucoup moins présents dans les TGV (voir idée reçue 2) !

Par contre les taux de remplissage du TER sont non seulement faibles en moyenne (26 %) mais en outre très variables d'une ligne à l'autre. À titre d'exemple, un TER avec un taux de 10 % est très nettement en dessous de l'autosolisme. L'impasse sur le taux de remplissage du ferroviaire peut donner à réfléchir : qu'il ne fonctionne pas (la plupart du temps) au pétrole ne devrait pas empêcher d'optimiser la fréquentation.

Concernant le transport collectif sur route, les taux d'occupation sont disparates et pas toujours mesurés. Dans le cas des bus urbains, les taux sont faibles. On sait par exemple que les bus urbains de la RATP ont assuré un service (Paris et petite couronne) de 2,6 milliards de voyageurs-kilomètres en 2019 avec 158 millions de bus-kilomètres, soit en moyenne 17 passagers par bus, chiffre à comparer aux capacités des 4 600 bus de la RATP, soit en moyenne 105 places dont 30 assises (source OMNIL). À l'autre bout du spectre, l'ART donne des taux de 54 à 66 % en 2021 pour les services librement organisés (type « cars Macron »).

La question du taux de remplissage est trop importante pour qu'on fasse l'impasse sur tel ou tel mode de transport. Tous sont concernés, et il est regrettable que les politiques publiques se concentrent sur le seul taux d'occupation des voitures. Au-delà de la diminution des émissions de gaz à effet de serre, l'optimisation du remplissage des véhicules est également un enjeu de sobriété matérielle (métaux, terres rares, plastiques...) (voir idée reçue 20). Moins de poids mis en œuvre pour transporter un voyageur, c'est aussi moins de poids par place assise, mais aussi plus de places assises occupées en moyenne, et pas seulement sur un tronçon central. Cessons donc de voir les verres à moitié pleins ou à moitié vides, remplissons-les !

GABS.

IDÉE REÇUE 5

« Il faut développer les modes alternatifs à la route »

« La route tue, la route pollue, la route défigure les paysages. » Il importe d'en sortir au plus vite, en premier lieu concernant le transport de marchandises, comme le réclamait le ministre des Transports Gilles de Robien en 2002. Le slogan « Il faut développer les modes alternatifs à la route » se retrouvera en 2006 dans un cahier d'acteurs de la Fédération nationale des usagers des transports (FNAUT) à l'occasion d'un débat public sur la politique des transports[1]. Il sera un leitmotiv du Grenelle de l'environnement en 2007, dans le sillage du protocole de Kyoto signé en 1997 et entré en vigueur en 2005. Cette même année, une loi impose d'atteindre la division par quatre de nos émissions de gaz à effet de serre d'ici 2050. Quatre ans plus tard, en 2009, la loi de mise en œuvre du Grenelle va décliner ces objectifs en matière de transports. Le rythme de réduction des GES étant de 3 % par an, les transports doivent y contribuer à hauteur avec un objectif de réduction à l'horizon 2020 de 20 % ; la priorité sera donnée aux investissements ferroviaires, avec notamment la réalisation de 2 000 km de lignes à grande vitesse (LGV) ; les pouvoirs publics se donnent comme objectif de

1. Débat public sur la politique des transports sur le VRAL (Vallée du Rhône-arc languedocien) – www.fnaut.fr/uploads/2013/04/db06vral.pdf

passer de 329 à 1 800 km de transports collectifs en site propre, dans les zones périurbaines et urbaines, hors Île-de-France ; cette dernière n'est pas oubliée puisque est planifié le chantier pharaonique du Grand Paris Express.

Contrairement à tant d'ambitions non suivies d'effets, les moyens ont été accordés ! Dans la décennie suivant le Grenelle, les investissements en faveur des transports collectifs urbains ont augmenté de 124 %, soit 14 milliards d'euros (en valeur 1990) de plus que sur la décennie 1990. Les investissements en faveur du réseau ferré principal ont augmenté quant à eux de 79 %, soit 13 milliards d'euros de plus, tandis que dans le même temps, la route a vu ses crédits baisser de 16 %, soit 15 milliards d'euros de moins. Résultat des courses, les modes de transport non routiers, qui représentaient 28 % de l'effort d'investissement entre 1991 et 1999, passent à 44 % sur la période 2009-2018. Sur cette même période, l'effort d'investissement supplémentaire en faveur du non-routier pèse 27 milliards d'euros (valeur 1990), soit une quarantaine de milliards d'euros actuels. C'est dire la puissance et le volontarisme des politiques publiques : en France, l'État stratège tient fermement la barre !

Il faut croire pourtant que les moyens ne suffisent pas, et que les vrais leviers de la décarbonation des transports sont ailleurs… Malgré ce déluge de milliards, le partage modal des transports intérieurs de voyageurs (on ne parle pas du fret, présent plus que jamais sur la route) n'a quasiment pas bougé : de 82 % pour le véhicule individuel en 1990 à… 81 % en 2018, et la crise du Covid-19 n'a rien arrangé[2]. Cela fait très cher le *statu quo* !

---

2. « La crise sanitaire a favorisé le retour de l'usage individuel de la voiture. En effet, la part modale des déplacements en véhicules particuliers est passée de 80,8 % (en voyageurs-kilomètres) en 2019 à 85 % en 2020, alors que celle des transports collectifs est passée de 17,6 % en 2019 à 14 % en 2020, et celle du vélo a légèrement progressé passant de 2,5 % en 2019 à 2,9 % en 2020 (pour les actifs se rendant sur leur lieu de travail) », rapport du Haut Conseil pour le climat, 2022, p. 107.

Consolation, cette domination écrasante se constate également dans les 28 pays de l'Union européenne[3]. Le fameux report modal en faveur des alternatives à la route n'a pas eu lieu. En Europe, le secteur des transports reste le mauvais élève de la décarbonation, notamment en raison de l'échec du report modal. Bien pire, une guerre de tranchées s'est installée avec l'épisode des Gilets jaunes en 2018. Ces manifestants d'un nouveau genre se sont mobilisés contre une hausse de la taxe sur les carburants, tétanisant pour longtemps tout gouvernement.

Comment l'argent investi a-t-il pu manquer à ce point son but ? La faute en est à un aveuglement récurrent : nos élites n'avaient d'yeux que pour deux types de déplacements, les voyages et la proximité (voir idée reçue 13). Pariant sur le mauvais cheval, elles ont négligé le segment colossal des déplacements longs du quotidien, qui ne sont pas les plus nombreux, mais les plus importants en nombre de kilomètres parcourus, donc en émissions de GES (ils représentent plus de la moitié des émissions des transports dues à la voiture). Ce sont également les déplacements dont le volume en kilomètres parcourus augmente le plus vite !

Il est effectivement plus facile et valorisant de multiplier les liaisons interurbaines en TGV, des tramways flambants neufs ou des pistes cyclables, que de proposer aux habitants des périphéries une alternative désirable et économique à leur routine automobile. Autre conséquence de ce malentendu, et pas des moindres, la maintenance et l'entretien des routes ont vu

3. La part modale de la voiture au sein des modes terrestres (donc hors aérien) a même légèrement augmenté de 78 % en 1995 à 80 % en 2019 (source EUROSTAT). Et dans son rapport annuel de juin 2021, le Haut Conseil pour le climat rend son verdict (p. 7) : « Les transports restent la première source d'émissions de gaz à effet de serre en France, le seul secteur en hausse entre 1990 et 2019. C'est le cas aussi dans l'ensemble de l'Europe. La croissance de la demande de transport et l'absence de report modal au bénéfice du rail sont les deux principaux facteurs entravant la réduction des émissions. »

leurs crédits baisser (de 72 % des investissements publics dans les transports dans la décennie des années 1990 à 56 % sur la décennie post-Grenelle – source comptes transports de la Nation 2018). Un actif essentiel, ces millions de kilomètres de routes qui irriguent notre pays, s'est dégradé (voir idée reçue 27).

L'économiste Jean-Pierre Orfeuil fait le même constat général concernant l'énormité des moyens alloués au ferroviaire et la modestie des résultats sur le report modal : « Les dépenses publiques pour le rail ont augmenté de 39 % en monnaie constante de 2007 à 2019 et représentent 10,5 milliards d'euros en 2019 (…). Cette croissance de 39 % (hors reprise de la dette) est à comparer aux 13 % de croissance du PIB, aux 20 % de croissance de la dépense publique, aux 18 % pour l'hôpital, 12 % pour l'enseignement, 4 % pour la famille et la petite enfance. Pour quel résultat ? Entre 2007 et 2019, la part de marché du fer a augmenté de 0,3 % pour les voyageurs (10,3 %) et baissé de 1,7 % pour le fret (9,7 %)[4]. » En cause selon l'auteur, un amour immodéré de nos gouvernants pour le rail, supposé vertueux socialement et écologiquement, ce qui est pour le moins à relativiser (voir idées reçues 2 et 9).

Circonstance aggravante, à cet échec du report modal s'ajoute une baisse préoccupante du taux d'occupation des véhicules individuels. Entre 1990 et 2018, on constate qu'il passe de 1,81 à 1,62 personne par voiture en moyenne, soit une baisse de 11 %. En effet, les kilomètres parcourus ont augmenté de 26 % sur la même période, tandis que la circulation routière augmentait de 40 % (source comptes transports de la Nation) ! Les Français ont donc consacré une part de leur pouvoir d'achat à se déplacer plus souvent seuls au volant…

4. J.-P. Orfeuil, « L'amour sans limite de nos élus pour le rail », *Telos*, 23 mai 2023.

Quand on parle de modes alternatifs à la route, l'erreur fondamentale, qui relève plus d'une croyance irrationnelle, est de confondre non seulement transports de voyageurs et transports de marchandises, mais surtout la route et la voiture individuelle. Or la route n'est pas réductible à un mode de transport particulier, elle les accueille tous. Le slogan d'une « alternative à la route » n'est pas seulement confus, il est délétère en ce qu'il entretient l'illusion de la possibilité d'un réseau parallèle à la route « en site propre », et tarit les financements ou la volonté politique en faveur des transports en commun routiers qui n'exigent pas nécessairement de voies réservées (voir idée reçue 37). Le chemin est encore long vers des transports décarbonés au moindre coût !

IDÉE REÇUE 6

« Le train revient toujours moins cher pour la collectivité »

Non content d'être populaire et bon marché pour l'usager (voir idée reçue 2), le train serait globalement moins cher pour la collectivité que la voiture individuelle et le réseau de routes qu'elle suppose. En gros, il serait évident que le train, moyen de transport par définition mutualisé, reviendrait moins cher que le transport individuel. Cette affirmation, ou plutôt cette intuition, gagne à être examinée de près, car il semblerait bien que l'on compare des prix ou des coûts très hétérogènes. Un train en circulation suppose lui aussi un réseau coûteux, principalement les rails au-dessous et les caténaires alimentés en électricité au-dessus. Nous ne parlerons ici que des coûts marchands, c'est-à-dire ceux qui donnent lieu à un paiement, dont l'estimation a déjà bénéficié de rapports volumineux (cours des comptes régionales, nationale, européenne) et de publications annuelles (comptes des transports de la Nation).

Nous nous concentrerons ici sur les déplacements du quotidien. Selon l'ART, pour les TER (hors Île-de-France), les recettes commerciales s'élèvent en moyenne à 6,7 centimes par voyageur-kilomètre et ce poste varie peu d'une région à l'autre. Pour l'usager, le coût facial moyen du TER en 2019 était donc de 6,7 centimes par kilomètre. C'est bien sûr une moyenne entre les différents tarifs (plein tarif, abonnés, tarifs sociaux…), mais l'ART nous apprend que les concours publics pour l'activité TER s'élèvent en moyenne à 22 centimes par voyageur-kilomètre, ce poste variant de 14,2 à 39,4 centimes selon les régions. Rappelons à titre de comparaison que pour le TGV, les recettes commerciales s'élèvent à 9,7 centimes et que les concours publics sont très faibles (de l'ordre de 0,2 centimes). Cela signifie que l'activité TER, avec un total recettes commerciales + concours publics (28,7 centimes) presque trois fois supérieur à l'activité du TGV, est soit très coûteuse, soit très rentable !

Il faut donc s'intéresser aux coûts, et l'ART, pourtant reconnue pour l'expertise de ses équipes, précise dans son rapport annuel 2020 que « s'agissant des postes de charges d'exploitation, le périmètre de ces postes de charges n'est pas totalement spécifié et des précautions doivent être prises dans leur interprétation. L'Autorité invite le lecteur à consulter le bilan sur l'activité TER de la Cour des comptes paru en octobre 2019. » Effectivement, la Cour rappelle qu'il faut bien ajouter aux 4,1 milliards de charges de fonctionnement de l'activité TER, 3,6 milliards d'investissements et divers, mais aussi 0,6 milliard pour le régime de retraite des cheminots en charge du TER. Ce ne sont certes pas des investissements, mais il faut bien les compter quelque part ! La Cour des comptes arrive ainsi à un coût total de 61 centimes par voyageur-kilomètre pour la collectivité et conclut : « Ceci représente l'équivalent d'un taxi partagé entre trois voyageurs. Cela fait du TER le mode de transport le plus coûteux à l'exception du taxi à un ou deux voyageurs » !

L'activité TER coûte donc très cher, beaucoup plus cher que la voiture ou le car. Qui comble cet écart entre ce que paie l'usager (6,7 centimes) et le coût estimé par la Cour (61 centimes) ? Pour le comprendre, il faudrait rentrer dans le détail des flux entre les différents acteurs, mais les collectivités publiques ne produisent pas ou peu de services marchands, elles recyclent des prélèvements effectués auprès des acteurs économiques, c'est-à-dire le contribuable et les entreprises. Ces dernières vont répercuter les coûts qu'elles subissent (taxes diverses, versement transport, impôts) sur le prix de leurs produits, voire réduire les salaires, et ce sont finalement les contribuables, les consommateurs et les salariés qui paient les pots cassés, ou plutôt mutualisés à outrance…

Si l'on veut évaluer le risque de répercussion des dépenses spécifiques dans l'impôt général, on peut se fier à quelques indicateurs simples : le nombre d'entités qui vont participer au financement. Plus elles sont nombreuses, plus il est à craindre que le contribuable soit sollicité ! On peut aussi observer l'ampleur des débats à l'Assemblée nationale ou au Sénat sur le financement d'un grand projet, ainsi que le nombre d'articles de presse : s'il y a débat, c'est qu'il y a un problème de financement…

En outre, Jean-Pierre Orfeuil rappelle un poste souvent oublié, celui de la dette qui se trouve reportée sur les contribuables futurs : « L'alerte sonnée par l'audit Rivier (2005) sur l'état lamentable des infrastructures ferroviaires et le Grenelle de l'environnement (2007) ont amené l'État et les régions à multiplier leurs soutiens. Les dépenses publiques pour le rail ont augmenté de 39 % en monnaie constante de 2007 à 2019 et représentent 10,5 milliards d'euros en 2019 (hors charges de retraite, 3 milliards annuels pour l'État). Cela n'a pas empêché la dette de la SNCF de gonfler, amenant l'État à en reprendre 35 milliards[1]. »

Mais on n'arrête pas le progrès, et des découvertes récentes ont permis de mettre au point un processus indolore qui reporte la charge de la dette sur les générations futures. Comme l'explique Jean-Pierre Orfeuil, « la nouveauté, c'est la création de structures baptisées sociétés de projet, financées par les budgets ordinaires et des taxes nouvelles affectées aux projets (en fait des taxes

1. J.-P. Orfeuil, « L'amour sans limite de nos élus pour le rail », *op. cit.*

additionnelles à des taxes existantes) sur le modèle de la Société du Grand Paris. Ces taxes dureront jusqu'à la fin des remboursements des emprunts (au moins quarante ans). SNCF Réseau conduira le projet, la société de projet n'est qu'un montage financier, si bien qu'un expert du domaine, Gilles Savary, parle de structure de cantonnement de la dette. Ainsi apparaît un nouveau financeur, les générations futures. Une curieuse façon de faire du développement durable ! »

Retenons donc que les trains du réseau TER sont très coûteux, car leur taux d'occupation est faible, ce qui pénalise les charges d'exploitation, et tout aussi faibles sont les intensités d'usage de l'infrastructure, ce qui se traduit par des coûts élevés. Tout cela nous renvoie à un meilleur usage des actifs immobiles (les infrastructures) et des actifs mobiles (voir idée reçue 20).

IDÉE REÇUE 7

« Le véhicule propre, c'est pour demain ! »

(*Il est conseillé de lire également l'idée reçue 9 à ce sujet.*)

La messe est dite : dans l'Union européenne, aucune voiture neuve à moteur thermique ne sera autorisée à la vente à partir de 2035. Il en sera de même en Californie. Il reste donc une grosse dizaine d'années à attendre pour entrer dans le royaume d'une automobile enfin réconciliée avec la planète, la ville et l'atmosphère ! Plus de bruit, plus de gaz à effet de serre, plus de pétrole nauséabond. Pourquoi donc s'embêter à changer nos habitudes ou nos systèmes de transport ?

Tout d'abord, la voiture électrique ne garantit pas une innocuité écologique totale. Son bilan est pour le moins contrasté. Selon une étude de l'Ademe[1], la phase de production possède une empreinte carbone deux à trois fois plus élevée qu'un véhicule thermique, en raison de la fabrication de la batterie. C'est en toute logique dans la phase de l'usage que la voiture électrique fait bien mieux, mais là encore, tout dépend de l'origine de l'électricité, du poids de la voiture (les SUV sont à proscrire) et du nombre de kilomètres parcourus. C'est pour une petite citadine électrique que la vertu écologique est la plus forte, puisqu'elle fait mieux que sa consœur thermique à partir de 70 000 km au compteur.

1. Ademe, « Voitures électriques et bornes de recharge », avis, octobre 2022.

Si l'on entre dans le détail de l'impact d'un véhicule, les paramètres à prendre en compte sont bien sûr le poids ramené au nombre de places offertes et le nombre de kilomètres que ce véhicule peut effectuer avant sa fin de vie[2]. Il faut également intégrer l'origine de l'électricité produite (voir idée reçue 26). Prenons l'exemple d'une petite voiture d'une tonne : elle offre quatre places, consomme 6 l d'essence aux 100 km et parcourra 150 000 km avant de partir à la casse[3]. À l'usage, elle émet 180 g de CO_2 par kilomètre parcouru, auxquels il faut ajouter 8 g correspondant à la production et au retraitement du véhicule, à supposer qu'il soit construit en France, pays au mix énergétique peu carboné. Dans le cas contraire, dans un pays comme la Chine de 2020, on monte à 38 g au kilomètre. Ajoutons le faible impact carbone de l'infrastructure routière, moins de 1 g au kilomètre. Au total, notre véhicule aura émis 189 g par kilomètre s'il a été fabriqué en France, 219 g en Chine. Soit respectivement 50 ou 58 g par place assise.

Qu'en serait-il avec la même petite voiture, en version électrique ? F. Leurent et E. Prié calculent un impact carbone en ACV (analyse du cycle de vie) ramené à la place assise de 8 g en cas de production en France, 20 g en Chine, soit respectivement six et trois fois moins que le thermique. À ce stade, nous ne parlons pas de ce sujet crucial qu'est le taux d'occupation du véhicule (voir idée reçue 4). On ne peut donc pas se limiter aux émissions à l'usage, il faut raisonner en analyse de cycle de vie, ce qui nous incite grandement à en finir avec l'art des émissions importées, autrement dit l'art de délocaliser nos pollutions, ce qui peut avoir son importance en termes de souveraineté économique et industrielle…

2. Les données suivantes sont tirées du chapitre « Bilan carbone des modes de transport terrestres. Quelles places des infrastructures ? », de F. Leurent et E. Prié, dans l'ouvrage *Le Grand Paris Express. Les enjeux pour l'environnement* coordonné par D. Bureau, Economica, 2022.
3. Le lecteur peut bien évidemment faire varier ce type d'hypothèse.

Venons-en maintenant au plat de résistance, à cette grosse voiture qui fait saliver tant de foyers à travers le monde : deux tonnes, cinq vraies places (soit 400 kg par place offerte), 9 l aux 100 km, 300 000 km en kilométrage total. Les émissions à l'usage passent à 270 g par véhicule-kilomètre et à 54 g par place assise, mais l'impact de la production et de la fin de vie ne changent pas car le doublement du poids est compensé par le doublement du parcours de vie ; on ajoute donc 8 à 38 g selon le pays de fabrication et 1 g pour l'infrastructure et l'ACV par place assise ressort à une fourchette de 56 g à 62 g, analogue à celle de la voiture citadine. Lorsque cette grosse berline est électrique, on retrouve les mêmes effets et les mêmes gains qu'auparavant. Dans notre exemple, le doublement du poids est compensé par le doublement des kilomètres parcourus. C'est une règle que l'on retrouvera avec d'autres modes de transport : plus un véhicule est lourd et rapide[4], plus le nombre de kilomètres que l'on peut effectuer avec ce véhicule est élevé.

F. Leurent et E. Prié citent le cas d'une trottinette de 15 kg avec laquelle l'utilisateur peut parcourir 10 000 km, et d'une voiture classique de 1,5 t, avec laquelle on parcourt 200 000 km. La trottinette est cent fois plus légère, mais elle a un parcours de vie vingt fois plus court, donc l'impact carbone de sa fabrication est seulement cinq fois plus faible que celui de la voiture. On voit ici l'importance des notions de robustesse, de réparabilité, d'entretien « en bon père de famille » des exosquelettes de mobilité que sont nos voitures, ainsi que de la nécessité du respect de la mobilité partagée. Une trottinette qui finit au fond du canal Saint-Martin au bout de trois semaines aura un très mauvais bilan ! Une dernière conclusion s'impose : avec l'électrique, le poids du véhicule ramené au nombre de places assises devient un nouveau défi. Dans notre exemple, il est de 250 kg par place

4. Les améliorations importantes de la sécurité routière et ferroviaire impactent beaucoup le poids des véhicules.

assise (et de 400 kg pour une voiture de 2 t et 5 places). Il va d'une dizaine de kilos pour le vélo ou la trottinette à une fourchette de 800 à 1 000 kg pour un TGV ou un train Intercités.

La transition vers l'électrique modifiera profondément nos critères d'évaluation du transport automobile. Il y a cinquante ans, nos voitures consommaient bien plus de 10 l aux 100 km et polluaient fortement. Toute une série d'innovations ont considérablement amélioré ces deux aspects. L'électrification permettra de diviser environ par cinq l'impact carbone sur tout le cycle de vie du véhicule mais, la nature ayant horreur du vide, de nouvelles frontières se profilent : le poids, la lutte contre l'obsolescence, le taux d'occupation, la réindustrialisation, les carburants innovants à base d'hydrogène et de CO_2 capté, la sobriété, les métaux, les terres rares, etc.

Autre piste intéressante dans cette conversion, le rétrofit électrique à batterie ou à pile à combustible permet d'accélérer la mutation du parc des véhicules en circulation. Il consiste à convertir une voiture à motorisation thermique (essence ou diesel) de plus de cinq ans en motorisation électrique (à batterie ou à pile à combustible) afin de lui donner une seconde vie. On augmente ainsi la part de voitures électriques en circulation et on diminue les quantités de CO_2 et de polluants atmosphériques émises lors des déplacements quotidiens. Enfin on ne met pas fin prématurément au parcours de vie du véhicule thermique initial. Le rétrofit est encouragé par les pouvoirs publics et des aides financières ont été mises en place. La filière automobile estime que plus de 100 000 véhicules utilitaires légers (et 70 000 voitures) pourraient être « rétrofités » dans les cinq années à venir[5].

Quand bien même la voiture électrique aurait l'empreinte écologique d'un ange, quelques faits bien têtus limitent encore la

5. https://association-aire.org/

portée de l'événement. Tout d'abord, près de 80 % des voitures vendues en France sont des véhicules d'occasion[6]. L'interdiction des voitures neuves thermiques ne touchera donc qu'environ 20 % du marché, les occasions n'étant logiquement pas soumises à ce règlement. Certes, d'ici 2035, le rétrofit aidant, une partie des voitures d'occasion seront devenues électriques, mais la durée de vie d'une voiture se situant entre huit et douze ans, une bonne partie des voitures thermiques vendues jusqu'à cette date rouleront encore longtemps. Il est également probable que de nombreux conducteurs fassent durer le plus longtemps possible leur véhicule thermique, faute de vouloir ou de pouvoir acquérir un véhicule électrique équivalent, ou encore par simple souci de rentabilité. C'est la raison pour laquelle les constructeurs automobiles estiment que le thermique, sous une forme ou sous une autre, notamment les carburants de synthèse, continuera à exister pendant encore soixante-dix ans sur notre belle planète, d'autant que l'Europe n'est pas toute la planète.

Une autre source d'inertie dans le verdissement du parc automobile est liée à l'exportation vers les pays en développement des véhicules d'occasion ne respectant plus les normes environnementales des pays riches. Les véhicules les plus polluants disparaîtront des villes et des routes des pays les plus riches, mais beaucoup continueront ailleurs à polluer l'atmosphère terrestre. Dans un rapport de 2020, le Programme des Nations Unies pour l'environnement (PNUE) faisait état des millions de véhicules polluants exportés vers l'Afrique ou l'Asie, à destination de pays peu ou pas regardants en matière d'émissions et de pollutions. Entre 2015 et 2018, 14 millions de véhicules d'occasion ont été ainsi exportés dans le monde, et 80 % étaient destinés aux pays pauvres. Ce chiffre non négligeable est à comparer

6. Exemple en avril 2023 : 424 109 immatriculations en occasion contre seulement 132 509 en neuf (www.auto-infos.fr/article/le-marche-du-vehicule-d-occasion-encore-dans-le-rouge.270626).

aux 80 millions de véhicules neufs vendus chaque année dans le monde. Ces pays émergents pourraient nous surprendre par leur inventivité, notamment en développant de très importantes capacités solaires, ce qui décarbonerait leur électricité, ou en promouvant massivement un rétrofit simplifié. Il ne suffit décidément pas de s'en remettre à la seule innovation technologique pour atteindre nos objectifs de décarbonation des transports dans les délais qui nous sont impartis.

IDÉE REÇUE 8

« La France, ce n'est que 1 % des émissions de CO_2 de la planète ! »

Qui émet le plus de gaz à effet de serre ? La Chine, les États-Unis et l'Inde. La France n'est qu'à la 21e position du classement[1]. En émissions par habitant, les pays du Golfe sont loin devant, suivis par les États-Unis, avec 15 tonnes par habitant et par an, alors que notre pays est à moins de 5 tonnes. Le nucléaire nous garantit une électricité propre, tandis que nous ne cessons de diminuer nos émissions. Certes pas au rythme requis, mais que cela pèserait-il au niveau mondial ? Toutes ces contraintes ne peuvent que plomber notre industrie, peser sur le budget des ménages et imposer une écologie punitive qui restreindrait notre liberté de circuler et de voyager !

Ce discours s'entend encore, mais toujours moins à mesure que nous comprenons que le réchauffement climatique est un phénomène mondial, dont nous subissons déjà les conséquences. Canicules, sécheresses, changement de modèle agricole, impact sur la santé publique et le tourisme : nous ne pesons sans doute que 1 % des émissions, mais nous subissons une part croissante des dégâts qu'elles occasionnent, la France étant particulièrement

1. Chiffres 2021 (https://globalcarbonatlas.org/).

exposée aux effets du changement climatique[2]. Ne serait-ce que moralement, nous nous devons de participer, à notre niveau, aux efforts pour enrayer cette dérive climatique. On sait la responsabilité accrue des pays occidentaux dans le réchauffement global, depuis la révolution industrielle. L'exemplarité n'est pas un vain mot : comment, dans les négociations climatiques, demander un effort aux pays du « Sud global » si nous considérons que nous en sommes exemptés ?

Par ailleurs, l'inaction n'est pas qu'un problème de réputation et de cohérence, elle est aussi une question de coûts. En 2006, le rapport retentissant de l'économiste Nicholas Stern avait évalué à 5 500 milliards de dollars le coût de l'inaction climatique. Quelques années plus tard, l'auteur lui-même reconnaîtra avoir sous-estimé la situation. Dans la revue *L'Hémicycle*[3], l'économiste Patrice Geoffron, de l'université Paris-Dauphine, confirme que ce pronostic a été en tous points confirmé par les derniers rapports du GIEC, toujours plus alarmistes face à la dégradation croissante de l'état de la planète : « Réduire de 55 % les émissions de gaz à effet de serre en 2030 par rapport à 1990, objectif de l'Union européenne, implique des transformations drastiques : l'impératif est de faire autant en matière de décarbonation en une demi-douzaine d'années… que ce qui a été réalisé au cours des trois dernières décennies. Cette trajectoire met les transports sous une pression toute spécifique, premier secteur émetteur en France (30 % de l'ensemble), le seul dont les émissions refusent de décroître : depuis 1990, les émissions issues des transports ont augmenté de 3 %, tandis que celles des autres secteurs diminuaient de 23 %. »

---

2. Voir « Acter l'urgence, engager les moyens », rapport 2023 du Haut Conseil pour le climat, p. 7 et 178. Voir également « Changement climatique, la particularité française », *La Tribune du dimanche*, 8 octobre 2023.
3. « Routes et nouvelles mobilités », automne 2023.

Doit-on dès lors transformer à marche forcée nos façons de nous déplacer ? Doit-on vendre nos véhicules diesel à bas prix et acheter des véhicules électriques, encore inabordables pour la plupart ? Dans un rapport pour le think tank Terra Nova[4], Patrice Geoffron et Benoît Thirion rappellent que les chocs pétroliers récents (incluant essence, gaz, charbon et par ricochet l'électricité) ont généré la crise des Gilets jaunes (pour une facture de 20 milliards et un gel de la fiscalité du carbone représentant un manque à gagner supérieur à 100 milliards sur la décennie 2020), et qu'aggravée par la pollution atmosphérique, la pandémie de Covid-19 a généré 200 milliards de dépenses directes. Enfin la crise liée à la guerre en Ukraine a déjà requis un bouclier énergétique d'une trentaine de milliards annuels. Si la France s'était engagée plus tôt sur la voie de la décarbonation, une bonne partie de ces dépenses publiques (et privées) aurait pu être évitée. N'oublions pas de plus que l'inaction a un coût psychologique et politique non négligeable. L'éco-anxiété, qui touche surtout les jeunes générations, mine la confiance dans les institutions, pousse au pessimisme, peut favoriser les votes extrêmes et le repli démocratique.

On le sait, les transports sont en première ligne de la décarbonation. Aucun argument attentiste n'est donc valable, que ce soit au niveau national ou international. Il revient à nos décideurs de piloter et orienter toutes les innovations technologiques et sociales qui permettront de passer des paroles aux actes, y compris, inutile de le dire, celles passant par la route. Imagine-t-on, sous le Second Empire, des opposants au baron Haussmann dénoncer le projet de réseaux d'égouts car d'autres villes s'en passaient bien ? Imagine-t-on des opposants au plan ferroviaire de Freycinet, sous la Troisième République, dénoncer le réseau ferroviaire au nom de la paix des campagnes ?

---

4. P. Geoffron et B. Thirion, « Décarboner les transports et les mobilités : quelles réponses efficaces face aux urgences ? », Terra Nova, juin 2023.

Imagine-t-on encore qu'on ait refusé d'adapter à l'automobile, au début du siècle dernier, la totalité des réseaux routiers au nom de la préservation des chevaux ? C'est d'autant plus vrai qu'aujourd'hui, ce ne sont pas les seules innovations technologiques qui nous poussent au changement, mais une contrainte écologique globale sans précédent, où se joue notre sort à tous.

IDÉE REÇUE 9

« L'intérêt du train en matière environnementale n'est plus à démontrer »

(*Il est conseillé de lire également l'idée reçue 7 à ce sujet.*)

De même qu'il est social, le train est par nature écologiquement vertueux. En France *a fortiori*, où le mix électrique est largement décarboné, cela va sans dire et sans discussion, comme l'ont montré les débats parlementaires autour du projet de loi sur les réseaux express métropolitains (voir idée reçue 21). La base « empreintes carbone » de l'Ademe fournit des valeurs actualisées en grammes de CO_2 par voyageur-kilomètre, tempérées par les incertitudes élevées (jusqu'à 70 % dans certains cas). Il est difficile *via* cette base d'apprécier les modes de calcul (passagers par véhicule, fabrication du véhicule, usage). Heureusement, l'analyse de F. Leurent et E. Prié[1] rassemble toutes les données d'entrée (y compris données Ademe) et détaille les calculs (elle donne les hypothèses de poids des véhicules, de « parcours de vie » c'est-à-dire les kilomètres parcourus par le véhicule sur son cycle de vie) et distingue trois cas de mix énergétique pour la fabrication des véhicules (France, Allemagne et Chine). L'intérêt de cette étude est qu'elle permet de faire varier les données d'entrée. Elle intègre en outre la part liée à la

1. F. Leurent et E. Prié, *op. cit.*

construction de l'infrastructure : les infrastructures construites il y a un siècle ont une « dette carbone » résiduelle faible, limitée à l'entretien et à la modernisation, contrairement aux infrastructures récentes telles que les autoroutes ou les lignes à grande vitesse. Nous calculerons d'abord l'impact carbone du véhicule par place assise offerte – comme dans l'idée reçue 7 – et la question du taux d'occupation sera traitée séparément. Il serait erroné en effet de mélanger les performances environnementales du véhicule proprement dit, et celles de l'usage que l'on en fait.

Que nous disent ces bases de données ? Pour un TGV, l'Ademe affiche des valeurs de 2,36 à 2,53 g de CO_2 par voyageur-kilomètre, à 20 % près (donc hors infrastructure). Par ailleurs, selon l'ART, le nombre moyen de places assises offertes est de 693 et le taux d'occupation de 67 %, ce qui donne un nombre moyen de 463 voyageurs par train (valeurs 2018). Un TGV a donc en moyenne un impact CO_2 de 1 100 g de CO_2 par kilomètre, à 20 % près. F. Leurent et E. Prié convergent en donnant 458 voyageurs et 983 g par véhicule-kilomètre (hors infrastructure), auxquels s'ajoutent 2 500 g au titre de l'infrastructure (la « dette carbone » d'une LGV est en effet très importante et doit être prise en compte). L'impact d'un TGV, en comptant le cycle de vie et l'infrastructure, est donc de l'ordre de 3 500 g par kilomètre (2 500 + 1 100) pour 693 places assises, soit 5 g par place assise offerte. En outre ce mode de transport possède un taux d'occupation élevé, 67 %. Nos voitures électriques de l'idée reçue 7, encore loin d'être entièrement fabriquées en France, sont plus près des 20 g par place assise (si fabriquées en France) que des 8 g, sans compter que leur taux d'occupation est nettement inférieur.

L'intérêt du TGV en matière environnementale est donc incontestablement meilleur que celui d'une voiture électrique. Concernant les autres modes ferroviaires, selon l'Ademe et la

SNCF[2], un voyageur parcourant un kilomètre émet 5,4 g de CO_2 avec le Transilien ou le RER, 8,1 g avec un train Intercités, et 29,4 g avec le TER (toujours hors infrastructure). La SNCF donne en comparaison 177 g par voyageur-kilomètre pour un autocar thermique interurbain, et une fourchette allant de 92 à 166 g en voiture thermique, selon le type de trajet (interurbain, périurbain, urbain), la vitesse et la fluidité de conduite déterminant fortement la consommation. Concluons que tous les modes ferroviaires sont, sur le papier, plus performants écologiquement que les modes routiers, surtout pour les voyages.

Si l'on en vient maintenant aux déplacements qui émettent le plus de CO_2, les déplacements longs du quotidien, les choses sont un peu plus compliquées. Comme ils sont assurés, hors Île-de-France, à 92 % par la voiture et à seulement 8 % par les TER, il convient donc de se pencher sur leur cas.

Premier biais, la valeur des émissions par kilomètre donnée pour les TER (29,4 g) est une double moyenne : une moyenne entre des alouettes qui polluent peu (TER électriques) et des chevaux-vapeur qui polluent beaucoup (TER thermiques) ! À remplissage égal, les émissions d'un TER diesel sont dix fois supérieures à celles d'un TER électrique. Rappelons que le réseau ferroviaire en France est de 27 500 km, dont 16 000 km électrifiés et 11 500 non électrifiés. La France n'est pas un cas isolé, en Europe le réseau en activité est de 216 000 km, dont seulement 118 000 électrifiés.

L'autre moyenne est celle faite entre des lignes de TER bien remplies qui justifient un transport de masse comme le transport ferroviaire, et d'autres avec des taux de remplissage très faibles, voire dérisoires. Coïncidence, ce sont le plus souvent ces dernières, situées dans des régions faiblement peuplées, qui

2. http://medias.sncf.com/sncfcom/pdf/co2/Information_CO2_des_prestations_de_transport_Methodologie_generale.pdf

sont motorisées au diesel, tant et si bien que des calculs détaillés avaient amené les magistrats de la Cour des comptes à « encourager les régions et les opérateurs à réfléchir plus sérieusement à un report du trafic sur la route selon des modalités inventives, du bus à horaires cadencés au taxi, selon le nombre d'usagers en cause[3] ». Dans son rapport de 2009, la Cour des comptes rappelle que les émissions effectives dépendent très fortement du taux de remplissage. Pour les TER, celui-ci est de seulement 26 % en moyenne, ce qui en fait une forme d'autosolisme ferroviaire, puisque plus de trois places sur quatre sont vides. Par sa taille, le train peut même descendre bien plus bas, alors que la voiture a toujours besoin d'un conducteur, qui à lui seul assure un taux d'occupation de 25 % pour une quatre places, et de 20 % pour une cinq places.

Les calculs de F. Leurent et E. Prié partent d'un parcours de vie d'un TER de 5 millions de kilomètres, avec 84 voyageurs en moyenne (tout comme l'ART, qui donne pour 2018 le nombre moyen des places assises des TER en France, soit 320 avec un taux d'occupation de 26 %). Ils aboutissent à des impacts carbone en analyse de cycle de vie (hors infrastructure) de 531 g de CO_2 par véhicule-kilomètre pour le TER électrique, et de 9 144 g de CO_2 pour le diesel. L'incidence de l'infrastructure est de 440 g dans les deux cas, nettement plus faible que celle d'une ligne à grande vitesse, car le réseau emprunté par les TER est beaucoup plus ancien, donc amorti. Notre TER électrique affiche donc 531 + 440 g pour 320 places en moyenne, soit 3 g par place offerte et par kilomètre, et le TER diesel est à 9 144 + 440 g, soit 30 g par place assise (chiffres 2018). La valeur de la base Ademe (29,4 g par voyageur-kilomètre, soit 2 470 g par véhicule-kilomètre) est donc une moyenne

3. « Le transfert aux régions du transport express régional (TER) : un bilan mitigé et des évolutions à poursuivre », rapport public thématique, Cour des comptes, 2009.

pondérée qui ne correspond pas à une réalité du terrain : on ne peut pas faire des choix sur la base d'une moyenne lorsqu'il s'agit de deux véhicules dont l'un émet dix fois plus de CO_2 que l'autre.

Notons ici, comme dans l'idée reçue 7, l'importance de l'empreinte matière, autrement dit le poids de matière nécessaire au déplacement d'une personne. Pourquoi introduire cette variable ? Tout simplement parce qu'à mesure que les politiques volontaristes de décarbonation de la route se déploient, avec ce nouveau standard qu'est la voiture électrique, les modes de transport seront de moins en moins jugés sur leurs émissions à l'usage (toujours plus faibles), et de plus en plus sur l'empreinte matérielle, la masse de métaux, de plastique, d'électronique nécessaire pour assurer le déplacement des voyageurs.

Calculons le nombre de tonnes d'acier et de cuivre (entre autres) nécessaire pour offrir une place assise. Le poids des trains de type TER ramené au nombre de places offertes est de l'ordre de 0,8 tonne (200 t pour un train Corail de 230 places, 50 t pour les plus petits autorails de 61 places du type « baleines bleues »). Mais si nous prenons les taux d'occupation moyens des TER par région donnés par l'ART (de 16 % à 31 % en 2018, selon les régions, avec toujours une moyenne de 26 %), on constate un besoin moyen de 3,2 t d'acier et de cuivre par personne effectivement transportée. Ce chiffre peut monter sur certaines lignes à plus de 5 t ! Et sur une ligne non électrifiée, ces 5 t par usager sont tirées avec un moteur thermique… Il est évident que la Cour des comptes avait vu juste. Si les « tanks électriques » de plusieurs tonnes de Tesla ou de Ford sont une gabegie avec une seule personne dans l'habitacle, que dire de ces « tanks ferroviaires », souvent diesel, de 3 à 5 t par usager à bord, qui circulent sur les petites lignes ? N'aurait-il pas fallu, dès 2009, développer des services de cars express (12 à 15 t pour une capacité de 50 places), plus vertueux, même remplis à 20 % ?

Rappelons que la voiture thermique est à 50 g par place assise et que son taux d'occupation est au minimum de 25 % (conducteur seul), passant à 50 % puis 75 % avec un ou deux passagers. Il suffit que le taux d'occupation du TER diesel tombe à 15 % pour qu'il soit écologiquement au même niveau qu'un autosoliste (ou un taxi avec un client) thermique ; or on sait que de nombreux trains ont des taux encore plus faibles (à titre d'exemple, l'ancienne région du Limousin avait un taux moyen de 16 %).

Voyons maintenant ce que deviennent le TGV et le RER dans cette même recherche de sobriété matérielle. Les poids des rames sont très élevés, de 288 t pour un RER Duplex à 400 t environ pour un TGV ou un Intercités, mais les parcours de vie se comptent en millions de kilomètres, en supposant une durée de vie de trente ans (de 3 millions de km pour un RER à 30 millions de km pour un TGV). Les poids par place assise offerte d'un TGV ou d'un RER se situent dans une plage allant de 800 à 1 000 kg par place assise. C'est d'ailleurs grâce à ce poids que le mode ferroviaire assure des niveaux de sécurité exceptionnels à des vitesses élevées[4]. Avec un taux d'occupation moyen de 67 %, le TGV est à environ 1,2 t par passager, et le RER avec un taux d'occupation moyen de 35 % est à environ 2,3 t. C'est beaucoup, mais ces modes de transport ont d'autres atouts (par exemple de respect du cadre de vie, de la qualité de l'air ou de gestion des pointes pour le RER).

La perspective de l'empreinte matière change la donne, tout simplement parce qu'elle est la prochaine frontière, celle d'une époque où sera globalement supprimé le poste des émissions

4. Le rapport Spinetta rappelle que le transport ferroviaire est sept fois plus sûr que le transport routier (57 personnes tuées en 2015 pour un trafic de 87 milliards de voyageurs-kilomètres). Notons au passage qu'à parcours égal, le risque d'être tué au guidon d'une moto est plus de quinze fois plus élevé qu'au volant d'une voiture : le poids n'a pas que des inconvénients !

du moteur thermique. Logiquement, ce nouveau critère de l'empreinte matière va pénaliser en priorité les modes les plus lourds, le ferroviaire, mais aussi la voiture, les bus ou les cars. Bien sûr, les modes lourds ont des avantages plébiscités par les usagers : la vitesse qui permet d'aller plus loin, la sécurité, le confort lorsqu'on ne conduit pas (on peut lire ou dormir tout en voyageant, ce qui est difficile en trottinette), mais l'optimisation du taux d'occupation devient un enjeu majeur (voir idée reçue 4).

Comparons à présent avec le car, aussi bien du point de vue des émissions que du poids. F. Leurent et E. Prié prennent un car de 13 t, avec 50 places (soit 260 kg par place assise) et 800 000 km de parcours de vie. Ils parviennent à un impact carbone, pour une version diesel, de 938 g (si fabriqué en France) ou 1 011 g par véhicule-kilomètre (si fabriqué en Chine), soit environ 20 g par place, et ces valeurs passent respectivement à 113 et 242 g en version électrique, soit 2 à 5 g par place. Notons au passage que l'électrification des autobus urbains et autocars périurbains est nettement plus répandue dans les pays nordiques ou en Amérique du Sud qu'en France (l'opérateur français Transdev a récemment équipé l'un de ses centres d'exploitation des réseaux de transport à Bogota avec 406 bus électriques), et que celle des autocars de voyages est moins avancée (elle relève des mêmes technologies que l'électrification des poids lourds). Par contre, des autocars qui seraient utilisés sur des circuits courts (une centaine de kilomètres) et répétitifs relèvent de la batterie, tout comme le bus.

On comprend donc les remarques de la Cour des comptes : avec une motorisation thermique, l'autocar a un impact carbone en ACV par place assise meilleur que le TER diesel (20 g par kilomètre-voyageur contre 30). Ce résultat est principalement lié au poids par place assise : pour faire avancer un TER, il faut faire passer une masse de 800 kg de la vitesse nulle à la vitesse de croisière. Certes, la résistance au roulement est très nettement meilleure sur le rail que sur la route, mais l'énergie cinétique, fonction de la masse, est assez têtue ! Sur une petite ligne, on aurait intérêt à remplacer un TER circulant toutes les 30 min par des autocars toutes les 15 min. Tout le monde y gagnerait : les usagers avec une meilleure fréquence, la planète avec moins d'émissions et plus d'usagers attirés par la fréquence, le contribuable avec moins d'impôts prélevés pour financer les transports, les urbains des grandes villes avec moins de voitures venant des périphéries. Seule la sécurité serait un peu moins bonne. En version électrique (3 g *versus* 2 à 5 g), le poids de la batterie handicape l'autocar, et c'est le taux de remplissage qui doit guider les choix (si on a 15 personnes à transporter, l'autocar sera la bonne réponse).

Il est donc essentiel de ne pas insulter le futur en faisant une juste place aux modes collectifs et partagés routiers (lignes de cars express et covoiturage) dans le projet de loi sur les « services express régionaux métropolitains », de lancer des analyses coûts-bénéfices incluant une analyse du cycle de vie (ACV), et de mettre en place les indicateurs pertinents qui permettront de mesurer la réalité et l'ampleur du report modal. C'est ce que nous aurions dû faire avec les lois Grenelle sur le report modal.

Logiquement, pour allier efficacité du rail et légèreté de la route, certains ingénieurs proposent le déploiement de véhicules ferroviaires légers. Ils ont le mérite de poser la question du poids par place assise et donc l'impératif de sobriété qui se profile dans un monde post-gazole. Mais il faut aussi se poser la question de l'équité territoriale (voir idée reçue 2), car même des TER allégés à 250 kg par place (équivalent d'une petite voiture bien remplie) seront toujours handicapés par la rigidité de la ligne, alors que l'autocar est, comme la route, très libre dans ses itinéraires. Pour pallier ce handicap majeur, d'autres ingénieurs proposent carrément des véhicules hybrides à pneu sur route, et avec des boggies sur rail : ils réinventent l'autocar, mais avec des coûts probablement beaucoup plus élevés. Gageons qu'à l'arrivée dans la grande ville, ils sauront sortir de la gare pour s'égayer dans les périphéries proches, à la recherche des lieux d'emplois, des universités et des hôpitaux… Pourquoi faire simple quand on peut faire compliqué ?

OUI
AU CAR EXPRESS
TER EXPRESS
RER EXPRESS
VÉLO EXPRESS
TROTINETTE EXPRESS
SATISFACTION
EXPRESS !
GABS.

IDÉE REÇUE 10

« Les transports en commun ne doivent pas être mis en concurrence les uns avec les autres »

(Il est conseillé de lire auparavant l'idée reçue 2.)

Un sage principe d'économie nous incite à ne pas faire de double dépense : qui irait s'équiper d'un poêle à bois alors qu'il dispose d'une chaudière à gaz, qui irait s'abonner à un deuxième opérateur de téléphonie alors qu'il dispose déjà d'une ligne ? De même, en vue de réduire l'usage de la voiture individuelle, d'excellents esprits recommandent de ne pas « doublonner » un itinéraire déjà pris en charge par le ferroviaire (TER, RER) par un service de cars express. Dans un compte rendu des travaux du Conseil national de la refondation consacré aux transports, on peut ainsi lire que le groupe de travail « s'est interrogé sur la redondance du système » si une ligne de car s'ouvrait en parallèle d'un RER métropolitain. De même, dans un rapport du Conseil économique, social et environnemental de 2023 consacré aux transports dans les zones diffuses, on peut lire que les cars express ne sont indiqués que « dans les territoires dépourvus d'infrastructures ferroviaires ».

Le bon sens est la chose du monde la mieux partagée, et incite donc à penser la complémentarité comme un « ou » exclusif (soit le ferroviaire, soit le car) et non inclusif. En réalité, les choses sont plus complexes. Car oui, dans les campagnes, on peut s'équiper simultanément d'une chaudière à gaz et d'un poêle à bois, ce ne sont pas les mêmes usages, ni les mêmes coûts, ni la même sécurité d'approvisionnement. De même, une famille peut être abonnée à plusieurs opérateurs en fonction de ses communications mobiles, fixes, internet, etc.

Il n'en va pas différemment dans les transports. Sur le segment des voyages, personne ne remet en cause la « concurrence » entre TGV, cars Macron, covoiturage, lignes aériennes intérieures, et on se souvient même des réticences politiques à fermer des lignes aériennes domestiques ayant des alternatives en TGV au nom de la lutte contre le changement climatique. *Idem* pour les déplacements de proximité en ville : Paris devrait-il supprimer toutes ses lignes de bus et de tramway sous le simple prétexte qu'il dispose d'un des réseaux de métro les plus performants au monde ? Certainement pas. Pourquoi donc raisonner différemment quand il est question des déplacements longs du quotidien ?

C'est tout d'abord un simple constat empirique : les services de cars express en activité le sont presque tous sur des axes où circulent déjà des lignes de trains du quotidien. On peut le voir dans la périphérie de Madrid, d'Aix-Marseille, de Grenoble, d'Albi, sur des portions d'autoroutes A10 et A14 en Île-de-France. La complémentarité est là, mais la question demeure : est-il besoin de panacher plusieurs modes ou un seul d'entre eux suffirait-il à la tâche, pour peu qu'il soit bien dimensionné ? Le car express capte-t-il une clientèle qui ne prendrait pas le train, et réciproquement ? La somme des parties est-elle supérieure au tout ? Imaginons la fermeture d'une ligne de cars express sur l'A10 ou l'A14, ou entre Aix et Marseille : quelle serait la proportion de voyageurs qui se reporterait sur le train, celle qui reprendrait sa voiture, celle qui renoncerait au déplacement ?

Deux cas présentent une offre de cars express suffisamment massive au regard des alternatives ferroviaires pour que l'analyse des parts modales donne des résultats significatifs.

Le premier cas[1] est celui de la Communauté autonome de Madrid (CAM) dont l'étoile ferroviaire est non pas complétée, mais dupliquée par un système étoilé d'environ 350 lignes d'autocars express dont les deux tiers assurent des liaisons vers Madrid *via* sept autoroutes radiales. Aux portes de la ville, les cars accèdent directement à des pôles multimodaux composés d'une gare routière souterraine construite au-dessus d'une station de métro. Cette conception originale permet d'offrir aux usagers un enchaînement fluide des modes collectifs routiers (cars express) et urbains (métro et bus urbains). Ce système multimodal transporte chaque jour 800 000 usagers entre la grande couronne et le ville-centre. Le service rendu par les cars express est analogue à celui rendu par l'étoile ferroviaire, et selon des études de l'IAU[2] entre 2006 et 2008, la part modale des transports de la région madrilène se répartissait ainsi : 31,1 % pour la marche, 34 % pour les transports en commun, 34,9 % pour la voiture. La «redondance» fer/car n'empêchait aucunement la part modale des transports en commun d'être loin devant celle de l'Île-de-France à l'époque (20 %).

Le second cas, plus étonnant encore, est celui du département de l'Isère. Étant donné ses spécificités, il faut le décrire à deux niveaux, celui du système de transports mis en place par le département, et celui de la communauté du Pays Voironnais.

---

1. Analyse détaillée dans A. Broto, *Transports : les oubliés de la République*, Eyrolles, 2022, chapitre «Le modèle madrilène, en miroir du réseau francilien».
2. IAU, «Étude de cas étrangers de transports collectifs de banlieue, cas n° 1 : Madrid», octobre 2006 ; «La place des bus dans les transports collectifs de Madrid», octobre 2008 ; «Les investissements de transport collectif dans les métropoles européennes : les investissements d'extension à Madrid», novembre 2008.

Ce département comporte trois vallées, trois corridors qui convergent vers Grenoble et qui concentrent les grandes infrastructures de transport ferroviaires et routières, et pourtant le département a mis en place, il y a une vingtaine d'années, des lignes de cars express de manière systématique sur ces trois corridors, exactement sur le tracé des lignes de trains.

Or nous avons vu que les parts modales des transports en commun des navettes longues à destination de la vingtaine de villes de 100 à 200 000 habitants de notre panel de trois régions allaient de 3 % à 14 %, à l'exception d'une ville qui affichait un taux de 25 %[3] : cette ville c'est Grenoble (voir l'idée reçue 2). Elle bénéficie en fait d'une étoile mixte (trains du quotidien et cars express), qui se renforcent plus qu'ils ne se concurrencent.

Notre indicateur des navettes longues appliqué aux bases de données des trajets domicile-travail de l'Insee permet des analyses fines axe par axe et on constate que l'axe Voiron-Grenoble est beaucoup plus multimodal que les axes allant vers le sud ou vers le Grésivaudan : il faut donc analyser les spécificités du Pays Voironnais.

Il s'agit d'une communauté d'agglomération de 31 communes pour 100 000 habitants et 40 000 actifs en situation d'emploi (chiffres 2018). Située à 25 km de Grenoble, Voiron comporte 20 000 habitants et 8 000 actifs, tandis que les autres communes ont en moyenne 2 500 habitants et 1 000 actifs. Une demi-douzaine de gares ferroviaires dessert ce territoire, et celle de Voiron voit passer cinq trains en heure de pointe. Sa fréquentation est de 3 300 montées + descentes par jour. Mais elle est également desservie par de nombreuses lignes de bus et reliée à Grenoble par deux lignes de cars express, qui bénéficient d'une

3. Il y a une autre ville de cette taille qui affiche un taux de 25 %, c'est Villeurbanne, ville qui jouxte Lyon et qui n'est pas comparable aux autres villes situées hors métropoles.

voie réservée sur l'A48, avec plusieurs arrêts dans Grenoble. À titre d'exemple, la ligne de car express 1 « diamétralisée » dessert le Voironnais et le Grésivaudan à l'est, et elle a une fréquentation de 4200 passagers par jour. La « concurrence » entre les deux services, ferroviaire et routier, est patente !

Nous savons que la part modale des transports en commun pour les navettes domicile-travail longues hors Île-de-France est en moyenne de 8 %, avec même des valeurs moyennes de seulement 5 % pour les actifs des communes de moins de 5000 habitants, 10 % pour les actifs des villes de 10 à 20000 habitants, 15 % pour les actifs de 20 à 50000 habitants, et 27 % pour les actifs de la ville de Lyon. Comment le Pays Voironnais se situe-t-il dans ce paysage ?

L'analyse des données sur les navettes domicile-travail Insee 2018 entre le Pays Voironnais et la ville de Grenoble (portée moyenne de 24 km) donne les résultats suivants : parmi les actifs du Pays Voironnais qui ont leur emploi à Grenoble, 42 % utilisent les transports en commun, un taux phénoménal ! Le plus étonnant est que ce résultat est principalement lié au comportement des actifs des trente petites communes : parmi ceux qui ont leur emploi à Grenoble, 39 % prennent les transports en commun. On constate donc que le modèle trains + cars express est non seulement exceptionnel en termes de partage modal au niveau de Voiron, mais il l'est également au niveau des petites communes de la communauté d'agglomération. Il est équitable et ces résultats permettent au Pays Voironnais de faire face sereinement à l'interdiction progressive des voitures les plus polluantes dans Grenoble. Voiron, petite ville de France, sert ainsi de véritable trait d'union entre les petites communes et la métropole de Grenoble.

Mais ne nous limitons pas aux comportements des usagers qui vont vers la grande ville, allons plus loin et analysons maintenant les parts modales des navettes longues (plus de 10 km) issues de ces territoires, toutes directions confondues. On constate que 20% des actifs du pays Voironnais effectuent ces navettes en transports en commun, que Voiron émet 3600 navettes longues par jour, dont 28% en transports en commun, ce qui est du même niveau que Lyon. Enfin les trente petites communes émettent 16400 navettes longues, dont 19% en transports en commun, donc très au-dessus des taux classiques pour les communes de cette taille. On pourrait bien sûr objecter que ce secteur bénéficie d'une topographie montagneuse qui concentre les flux dans des vallées et facilite leur massification, mais si on compare les comportements des navetteurs longs dans les 32 villes de la région Auvergne-Rhône-Alpes de 15 à 25000 habitants hors métropoles, on constate que la part modale moyenne des transports en commun y est de 10%. Voiron est largement en tête avec 28%, le second est à 17%, le tandem « montagneux » Montbrison/Saint-Étienne comparable au tandem Voiron-Grenoble en taille, topographie et interdistance, est à 7%!

Ce Pays Voironnais présente également des résultats exceptionnels toutes directions confondues. Le secret d'une telle irrigation en profondeur tient dans la mise en place d'un semis de parcs-relais « P+R » (une douzaine au total et 2000 places) au cœur de ce territoire de 345 km où déposer sa voiture ou son vélo, qui débouche aussi bien sur du car express que sur du train ou du covoiturage, et dans un réseau de lignes de cars classiques (anciennement départementaux), en complément des cars express, maillé et dense. Ce semis de parcs-relais a plus d'une vertu : il oriente les comportements vers les modes collectifs et partagés, et il façonne le réseau de pistes cyclables développé par les communes à l'intérieur du territoire[4]. De plus, les parcs-relais et les voies réservées pour les cars express profitent au

4. Réseau dont on peut observer la cohérence avec la localisation des P+R sur le lien www.paysvoironnais.com/cartographie-transport-467.html

covoiturage. L'Observatoire national du covoiturage confirme que les axes Voiron-Grenoble et Grésivaudan-Grenoble sont des axes importants, même si en volume le trafic reste marginal et ce mode un mode d'appoint.

Cette « concurrence » de possibilités pour les déplacements longs du quotidien (covoiturage, cars, trains) est donc tout sauf mortifère : elle crée une culture de la confiance dans les transports en commun. Trains et cars express se renforcent mutuellement. Le train va d'un pôle à l'autre, tandis que le car express, s'appuyant sur un réseau dense de parcs-relais, permet un rabattement très efficace en profondeur ; en outre il dessert dans Grenoble des pôles d'emplois ou d'études complémentaires de ceux desservis par le TER. Comme pour le gaz et le bois dans la problématique du chauffage, ces deux modes sont complémentaires et rassurent, donnant de la robustesse au système. Si l'A48 est bloquée par la neige, on se reporte sur le TER. Et si la SNCF est en grève, on se reporte sur le car. En pratique, l'usager n'est pas prisonnier d'une modalité, mais adepte d'un bouquet d'offres. Il en oublie d'autant plus facilement sa voiture individuelle. Ce phénomène corrobore la théorie dite de l'accessibilité (voir idée reçue 17), selon laquelle en matière de transport, l'offre crée la demande, et qu'il est difficile de raisonner « toutes choses égales par ailleurs », car les transports modifient la perception de l'espace et donc les comportements des usagers.

En conclusion, le Pays Voironnais nous donne l'exemple tout à fait duplicable d'une ville moyenne qui agit comme un trait d'union entre le monde rural et la métropole, réconciliant la France des grandes villes et des campagnes. À partir de la confiance et du confort créés par une telle « redondance », à partir de ces alternatives efficaces et désirables, il devient alors tout à fait envisageable de mettre en place en métropole une politique de restriction d'accès aux voitures individuelles, ou encore de faire face à des augmentations des coûts de l'acquisition et de l'usage de la voiture individuelle (véhicule électrique, zone à faibles émissions).

Tant redoutée, la concurrence entre deux modes de transport n'est qu'un fantasme. Elle doit laisser place à la notion de multimodalité. Si l'intermodalité désigne la combinaison successive de plusieurs modes de transport au cours d'un même déplacement, on parle de multimodalité entre deux lieux si on a le choix entre des modes de transport différents. La multimodalité exprime la prise en compte de différents besoins, de différents usages qui renforcent la robustesse et l'attractivité d'un système de transports.

PARTIE 2

Bouchons signalés sur le chemin d'une politique des transports ancrée dans la réalité des usages

IL TÉLÉTRAVAILLE
DANS SA VOITURE, ÇA LUI
RAPPELLE QUAND IL LA PRENAIT
POUR ALLER AU TRAVAIL

IDÉE REÇUE 11

« Il faut construire des logements là où il y a des emplois ! »

C'est le bon sens à l'état pur ! Il faut prendre le mal à la racine et rapprocher les lieux d'habitation des lieux de travail : les trajets quotidiens, pénibles et polluants, seront d'autant diminués, voire évités. Créer des villes avec un objectif d'équilibre entre actifs et emplois sur place, mais aussi entre populations et services était un des grands objectifs de la création des villes nouvelles à partir des années 1960 : Cergy-Pontoise, Marne-la-Vallée, Évry, entre autres, conçues sous l'autorité du préfet Delouvrier. Si la ville attire par son offre d'emplois, de rencontres, de commerces, de culture et de loisirs, il suffirait de créer des villes à intervalles réguliers pour en finir avec les déplacements contraints, les embouteillages, les transports en commun bondés. On aurait mis un terme à l'étalement urbain en le fixant.

Prenons l'exemple de la capitale : Paris offrait 1 816 000 emplois en 2017, mais n'abritait que 1 076 000 d'actifs[1]. Toutefois, seuls 742 000 actifs parisiens occupaient des emplois à Paris, et les 334 000 autres allaient chercher leur bonheur hors des murs de la capitale. Soustraction faite, il restait 1 074 000 emplois qui étaient occupés par des actifs ayant leur domicile fort

1. *Insee Focus*, n° 55.

loin[2]. Pourquoi ne pas chercher à redéployer environ 1 000 000 emplois en banlieue et au-delà ? C'en serait fini des marées humaines dans les gares de Saint-Lazare ou Montparnasse, de la pollution par le CO_2 ou les particules fines. En effet, la même note Insee nous apprend que 73 % des ouvriers travaillant à Paris n'y habitent pas, et ce sont probablement eux qui ont des vieux diesels pollueurs ! Donc plus besoin non plus de créer ces zones à faibles émissions, qui créent tant de polémiques. Et quelle économie pour les banlieusards motorisés, parfois obligés de faire deux pleins par mois !

Il suffirait en somme de veiller comme le lait sur le feu à une adéquation globale, pour chaque territoire, entre ceux qui occupent les logements et ceux qui occupent les emplois. On peut donc, selon les cas, construire davantage de logements ou créer davantage d'emplois. Au lieu de créer un million d'emplois en dehors de Paris, on pourrait construire un million de logements correspondants sur les toits existants, ou transformer bon nombre d'immeubles en tours. Paris prendrait alors la tête du classement des villes les plus denses du monde, ce qui ne serait pas commode à vivre en été. Il serait aussi possible de proposer au million de ménages parisiens d'accueillir dans leur salle de bains, sur leur balcon ou dans leur cave les familles des 1 000 000 travailleurs essentiels qui ont leur emploi dans la capitale. Cela s'est déjà vu : au XIXe siècle, un logement de 40 m^2 abritait une famille de cinq personnes et la capitale comptait 3 millions d'habitants intramuros (dans les limites actuelles, définies en 1860). On pourrait aussi redéployer 1 000 000 emplois à la campagne, qui en a tant besoin : on créerait ainsi des villes dans les champs. Enfin n'oublions pas que tous ces scénarios

2. À 19 km en moyenne. Autant dire que la plupart d'entre eux habitent en dehors des limites de la métropole, ce qui en dit long (*sic*) sur les usagers qu'il faudrait consulter avant de décider la mise en place d'une zone à faibles émissions (ZFE).

futuristes exigeraient en outre de s'occuper des 334 000 Parisiens ayant leur emploi hors Paris !

Plaisanterie mise à part, cette stratégie du « tout-en-un » urbanistique peut tout à fait fonctionner... un certain temps. Les villes nouvelles, conçues avec toutes les aménités nécessaires (universités, hôpitaux, logements, loisirs...) ont rempli leur mission jusqu'à ce que la nature humaine, curieuse et inquiète, reprenne le dessus.

L'emploi public ne peut pas tout, ni plaire à tout le monde, et les vicissitudes de l'économie expliquent création, fermeture ou migration des entreprises. Quant aux salariés, ils vieillissent, montent en grade, changent de poste ou de secteur sans toujours vouloir ou pouvoir déménager. Le cas de Marne-la-Vallée est parlant : en 2008, on y comptait 110 000 emplois pour 130 000 actifs, mais seuls 40 000 emplois étaient occupés par les habitants de la ville, aussi nouvelle soit-elle... Enfin le temps des promoteurs immobiliers n'est pas tout à fait le même que celui des recruteurs : un logement prend des années pour sortir de terre, bien plus qu'il n'en faut à une entreprise pour disparaître, changer trois fois de siège social ou de politique de recrutement. Quand bien même on parviendrait à une sorte d'harmonie préétablie entre les logements et les emplois, un rapport récent du CGEDD et de France Stratégie[3] sur les scénarios de décarbonation rappelle que le levier urbanistique ne produira que des effets marginaux. Même l'appel à la densification, à construire « la ville sur la ville » n'est plus si convaincant : une étude récente de l'Atelier parisien d'urbanisme (APUR)[4] démontre les vertus de

3. « Prospective 2040-2060 des transports et des mobilités », rapport de synthèse, février 2022. www.strategie.gouv.fr/sites/strategie.gouv.fr/files/atoms/files/prospective_2040-2060_des_transports_et_des_mobilites_-_rapport_de_synthese_-_fevrier_2022.pdf

4. « La ville pavillonnaire du Grand Paris : enjeux et perspectives », APUR, juin 2023.

l'habitat pavillonnaire avec son terrain arboré lors des épisodes de chaleur toujours plus fréquents qui nous attendent. Masser des logements autour des emplois est donc peu compatible avec le réchauffement climatique, et nous devrons faire avec une mobilité incompressible.

La réalité est cruelle : on ne peut faire l'éloge de la mobilité, de l'adaptation, de l'agilité, de la performance, de la liberté, et s'attendre à ce que les emplois restent tout au long d'une vie humaine à proximité des logements, ou inversement... Qui plus est, quand un des objectifs officiels des politiques du logement est une France de propriétaires !

Bien au contraire, on assiste depuis plus de cinquante ans à un phénomène de déconnexion croissante entre le domicile et le lieu de travail, ceci dans toutes les communes, quel que soit le ratio emplois sur actifs. Il y a une vingtaine d'années, l'Insee avait publié les distances moyennes domicile-travail pour chacune des 1 300 communes de l'Île-de-France. On y voyait clairement que cette distance était très faible (moins de 5 km) pour les Parisiens, et qu'elle augmentait régulièrement à mesure que l'on s'éloignait de la capitale. À l'échelle nationale, l'Insee[5] établissait que les deux tiers des actifs, soit près de 17 millions de Français, avaient leur emploi en dehors de leur commune de résidence !

Une autre note de l'Insee[6] constate que le trajet médian domicile-travail a augmenté de moitié en vingt ans pour les habitants du rural : « la population active en emploi croît deux fois plus vite dans le rural que dans l'urbain », et dans le même temps « l'emploi augmente moins vite dans le rural que dans l'urbain ». Bien sûr, ce constat pose la question de la relocalisation de l'emploi *a minima* dans les villes petites et moyennes.

5. *Insee Première*, n° 1605, juin 2016.
6. *Insee Première*, n° 1948, mai 2023.

Toutes les politiques de revitalisation sont utiles, mais leurs effets restent modestes à l'échelle des enjeux. Enfin le télétravail permettra de diminuer la fréquence des trajets, mais là aussi les effets sont limités (voir idée reçue 16).

Il est sans doute possible, voire souhaitable, d'infléchir cette tendance centrifuge, et pour des raisons qui ne sont pas qu'environnementales : les personnes qui habitent loin des bassins d'emploi principaux n'ont qu'une offre restreinte d'emplois accessibles en un temps donné (une demi-heure par exemple), si bien qu'ils sont exposés à des difficultés plus grandes de retour à l'emploi en cas de perte. Pour Jean-Pierre Orfeuil, notre marché du logement manque de fluidité, et la capacité des actifs à profiter à plein d'un marché du travail dépend fortement de la mobilité résidentielle. Une étude récente de l'OCDE[7] montre que les coûts de transaction sur les ventes de logements affectent significativement la mobilité résidentielle des propriétaires, et obèrent en particulier les capacités d'accès à la propriété des jeunes ménages, tandis que des réglementations strictes sur les loyers (dont le contrôle des prix) diminuent également la propension à déménager des locataires du secteur privé. Malgré ces freins à la mobilité résidentielle, les changements de domicile ou d'emploi sont fréquents : en comparant au niveau individuel les situations de résidence et d'emploi des actifs d'Île-de-France grâce à l'enquête globale transport de 2001, le chercheur Emre Korsu[8] montre que 73 % des actifs (« personnes de référence des ménages ») ont changé soit de domicile, soit d'emploi en dix ans (et 62 % des conjoints). Il montre en outre que ces changements

---

7. O. Causa et J. Pichelmann, « Should I stay or should I go? Housing and residential mobility acroos OECD countries », *OECD working paper*, 2020, n° 1626.
8. E. Korsu, « La proximité domicile-travail dans les choix résidentiels et professionnels de l'individu hypermoderne » *in* M.-H. Massot (dir.), *Mobilités et modes de vie métropolitains*, L'Œil d'or, 2010, p. 75-91.

ont réduit les distances entre domicile et travail dans 38 % des cas, les ont augmentées dans 38 % et les ont laissées inchangées dans 24 % des cas. Il y aurait donc bien des mécanismes publics à activer pour faciliter les mobilités résidentielles et les rapprochements entre domicile et emploi, mais il ne faut pas en sous-estimer les difficultés les droits de mutation ont apporté 20 milliards d'euros aux collectivités locales, et il est difficile de ne pas céder à l'instauration d'un contrôle des loyers quand les prix flambent… Dans ce contexte, il nous paraît prudent de rester sceptique sur nos capacités à infléchir la tendance à l'éloignement par ces moyens.

IDÉE REÇUE 12

« La ville idéale ? Tout à 15 minutes à pied ! »

Sur le site internet de la ville de Paris, on trouve cette magnifique définition : « La ville du quart d'heure, c'est défendre l'idée que l'on puisse trouver près de chez soi tout ce qui est essentiel à la vie : faire des courses, travailler, s'amuser, se cultiver, faire du sport, se soigner… Le tout donc, à 15 minutes à pied ou à 5 minutes à vélo. » Ce concept, inventé par l'universitaire franco-colombien Carlos Moreno, professeur associé à l'Institut d'administration des entreprises de Paris (université Paris-1-Panthéon-Sorbonne), vise à « limiter les déplacements polluants et à améliorer le cadre de vie ». Qui ne pourrait souscrire à un tel objectif? Les transports du quotidien deviendraient *de facto* inutiles si chacun, petit ou grand, trouvait son bonheur à quelques minutes à pied ou à vélo. On en finirait effectivement avec les excès du zonage urbain des années 1950 et 1960, incarné par le grand architecte et urbaniste Le Corbusier, qui dessinait des villes découpées en grandes fonctions (habiter, travailler, apprendre, se détendre, etc.), reliées par des transports toujours plus performants.

Les fonctions vitales définies par Carlos Moreno sont les suivantes : « se loger, travailler, accéder aux soins, s'approvisionner, apprendre et s'épanouir (sports, loisirs) ». Certes, il est tout à fait possible de trouver ou de créer des logements, des emplois, des cabinets médicaux, des magasins, des établissements d'enseignement, des gymnases ou des stades à 15 min à pied, pour peu que l'on habite une ville d'une taille respectable, et plutôt une métropole qu'une ville moyenne. Mais peut-on imaginer mon logement, mon emploi, mon médecin, mes magasins, mon école ou celle de mes enfants, mes lieux de pratique sportive ou culturelle alignés comme par magie sur mes besoins, tout au long de ma vie ? Il est permis d'en douter…

Supposons un enfant dans un petit village de 1 000 habitants, dans les années 1950. Tout petit, il apprécie grandement l'échelle humaine du quart d'heure entre la maison familiale, le terrain de jeu et l'école primaire municipale… Mais le voilà pris de la manie de grandir : à 11 ans, son père doit l'emmener, à vélo puis en mobylette, à la gare pour prendre le train et rejoindre le collège situé non loin de la gare d'une ville moyenne. Cela devient dramatique deux ans plus tard avec le passage au lycée tout neuf qui a été construit à 3 km de la même gare, puis dans l'enseignement supérieur, dans une grande métropole comme Paris où, par malchance, bon nombre d'universités et de grandes écoles se sont installées en grande banlieue, à 30 min (en métro) de la ville du quart d'heure (à pied) ! Notre enfant devenu adulte et père de famille a la chance, ainsi que son conjoint, de pouvoir choisir l'emploi qui lui convient, parfois à des dizaines de kilomètres de chez lui. La retraite venue, notre héros pense retomber en enfance et renouer avec la « ville du quart d'heure », mais c'est à cet instant que ses articulations et ses artères se rappellent à son bon souvenir, et exigent de faire appel à des spécialités médicales en tous genres, concentrées dans la grande ville, qui plus est dans des quartiers différents et opposés !

Le succès de ce concept très problématique est révélateur d'un grand malentendu. On le jurerait fait exclusivement pour ces minorités de citadins intramuros, qui ont construit leur parcours de vie à l'échelle du quartier et qui peuvent effectivement se déplacer à pied ou à vélo car ils disposent de trottoirs et de pistes cyclables en site propre. C'est oublier une fois encore tous ceux, vigiles, éboueurs, infirmières, artisans, domestiques, vendeurs, qui, pour animer, nettoyer, alimenter, surveiller, réparer cette belle ville du quart d'heure doivent faire entre une heure et deux heures de transports par jour ! Pour éviter de tels déplacements, certaines villes comme Londres privilégient l'accès des infirmières ou des policiers aux logements les plus centraux. L'AP-HP parisienne s'efforce également de loger certains personnels à proximité des hôpitaux, de même que la RATP. Cela reste des niches et réclame une forte volonté politique et des moyens pour infléchir le marché du logement, alors qu'on ne sait toujours pas faire appliquer l'encadrement des loyers dans les zones tendues.

Mais même ces citadins privilégiés travaillent, étudient, se soignent et se cultivent bien plus loin. À quoi bon habiter à Paris si ce n'est pour profiter des multiples offres culturelles de prestige, parfois à 45 min de transports en commun ? *Idem* pour les lycées et universités proposant les spécialités les plus pointues, les entreprises ou administrations proposant des postes n'existant nulle part ailleurs, les médecins spécialistes, les commerces les plus improbables… Sous couvert de convivialité et d'échelle humaine, c'est une utopie villageoise que l'on cherche à recréer. Le sociologue Jean Viard est plus cruel : « Moralité, nous avons créé un mythe, celui de la ville du quart d'heure, la ville de classes, où l'on cultive l'entre-soi[1]. »

La ville-État de Singapour, qui a pourtant quasiment banni la voiture individuelle de son territoire, est plus réaliste en parlant de « *20 min town, 45 min city* » (en transports en commun), ce qui a le mérite d'une part de remplacer les 15 min à pied, soit

---

1. Jean Viard, Directeur de recherche associé au Cevipof-CN, 13 avril 2023. www.mobiliteinclusive.com/interview-jean-viard-directeur-de-recherche-associe-au-cevipof-cn/

à peine plus de 1 km, par 20 min/45 min en transports en commun, soit de l'ordre de 10 à 20 km, et de distinguer minutieusement les logiques de proximité du quotidien (habiter, s'approvisionner, élever des enfants) des logiques de spécialisation et de contrainte (étudier, travailler, se cultiver). On peut tout à fait comprendre cette nostalgie citadine d'un village à taille humaine et ce refus d'une ville zonée, mais ce ne peut être un projet d'urbanisme. Aussi puissante soit-elle, aucune ville, dans une économie de marché, ne peut forger à sa guise les bassins d'emplois, l'offre de culture ou de loisirs, ni contraindre quiconque à vivre dans un périmètre donné.

En tant que boussole pour l'action publique de l'élu local soucieux d'optimiser la localisation des aménités (commerces de proximité, espaces verts, écoles...) au regard des besoins des habitants, la ville du quart d'heure est une bonne chose, mais pour toutes les fonctions vitales, elle reste une contradiction en soi. D'une part, son existence n'est possible qu'en supposant les déplacements longs et multiples de « soutiers » venus de loin, ou un bras de fer avec tous ceux qui alimentent la hausse de l'immobilier dans les centres-villes, d'autre part elle contredit l'imaginaire même de la ville, lieu de liberté, de création, d'échange et de liaison, rempli de gares et d'aéroports depuis lesquels nos villageois seront heureux d'aller visiter d'autres « villes du quart d'heure » ! Enfin, supposer que tous les déplacements de proximité puissent se faire à pied ou à vélo fait bien peu de cas des parents d'enfants en bas âge, des personnes âgées ou malades, et plus généralement de tous ceux qui ne font que traverser la ville ou y travailler (voir idée reçue 19).

IDÉE REÇUE 13

« 80 % des Français sont des urbains ! »

Donc 80 % des Français prennent le métro ou le RER, ont un bus toutes les 5 min, peuvent louer une trottinette ou un vélo électrique, peuvent acheter leur baguette en bas de chez eux… Et parions même que 100 % des Français ont vue sur la tour Eiffel !

Si l'on entend par « urbains » des êtres charmants, épicuriens et cultivés, certes les Français surclassent le monde entier, c'est bien connu, et le chiffre de 80 % est une sous-estimation presque insultante. Si jamais l'on entend par « urbains » le fait de vivre dans une ville dense, avec des services publics de proximité, des transports en commun omniprésents, des espaces verts et des équipements culturels, je crains qu'il ne faille déchanter.

Qu'appelons-nous une ville ? Le centre de Paris ? La banlieue de Lyon ? Nevers, Brest, Saint-Amand-Montrond ? Où s'arrête la ville et où commence la petite ville, le village, le bourg, le hameau ? Est-ce la densité démographique, le nombre de cinémas ou de bars ? Question épineuse ! Un des critères les plus courants est le nombre d'habitants : en annonçant que la moitié de la population humaine vit en ville, l'ONU retenait le seuil de regroupement de 5 000 habitants. En France, les unités urbaines totaliseraient bien 80 % de la population selon l'Insee, mais le seuil retenu est de 2 000 habitants, avec un bâti continu (maximum 200 mètres entre deux constructions). Cette notion est utile notamment en termes d'urbanisme, ou pour analyser l'artificialisation des sols, mais l'usage de ce chiffre de 80% est souvent détourné.

Il laisserait entendre que huit Français sur dix vivent comme des Parisiens, des Lyonnais, des Marseillais ou des Lillois, pire il laisse entendre que la majorité des Français devraient vivre selon l'idéal de la ville du quart d'heure (voir idée reçue 12), ce qui résoudrait la question des transports. Et comme le phénomène de l'exode rural est mondial, il suffirait d'attendre encore un peu et l'extinction naturelle des ruraux permettrait enfin d'atteindre l'idéal.

En cela, on commet deux erreurs. L'une est que la ville de la proximité est une exception et que la majorité des Français bouge beaucoup pour accéder aux emplois et aux aménités offertes par les grands centres urbains. L'autre est que l'idéal rêvé qui serait pratiqué dans les grands centres urbains ne correspond pas à la réalité observée. Selon l'enquête nationale transports et déplacements (ENTD 2008), les personnes résidant en Île-de-France effectuent plus du tiers des voyages en avion (36%), alors que leur poids démographique est de 19% en France métropolitaine, tandis que le nombre de voyages aériens effectués par les Parisiens atteint un niveau trois fois plus élevé que la moyenne nationale.

En fait, on se fourvoie en cherchant à expliquer les comportements de mobilité à partir des types de territoires (rural, petite ville, très grande ville). Par définition, la mobilité échappe aux territoires, elle est au contraire ce qui permet d'aller voir ce qui se passe au-delà de la frontière du quotidien. Si l'on veut vraiment comprendre nos comportements, il vaut mieux distinguer plusieurs classes de distances dans nos vies mobiles :

– les déplacements du quotidien de proximité, quelques kilomètres, à l'échelle de l'unité urbaine lorsqu'elle est petite, et du quartier ou de l'arrondissement lorsqu'on est dans une grande ville ;

– les déplacements du quotidien longs (DQL), de quelques dizaines de kilomètres ;
– et les voyages de quelques centaines de kilomètres, voire quelques milliers de kilomètres en avion.

Et ce n'est que dans un deuxième temps que l'on peut analyser ces comportements selon les territoires de vie.

Oui, la ville est devenue la référence culturelle, le point de convergence des Français. Non, l'urbain dense n'est pas le cadre de vie et de déplacement de la majorité de nos concitoyens. D'où le recours toujours massif à la voiture individuelle, et le grand malentendu : pour la majorité des Français, il pourrait y avoir demain des alternatives à la voiture individuelle telle que nous la connaissons, mais pas d'alternatives à la route !

ESSENCE

IDÉE REÇUE 14

« Ce qui se mesure s'améliore »

Les divinités ont longtemps régné sur l'imaginaire des hommes. L'anthropomorphisme amenait à prendre ses désirs ou ses craintes pour des causes, et à tout ramener à de vagues mythologies. Le miracle grec des mathématiques et de la géométrie nous a fait basculer dans la science et la rationalité. Un univers qui s'explique par lui-même, des lois universelles et intangibles, une causalité stricte. Ce miracle, malheureusement, est à reproduire chaque fois que quelqu'un se laisse emporter dans une idéologie, une thèse, une vision qu'il souhaite défendre à tout prix, au mépris du réel. On le voit dans les politiques publiques, empreintes de partis pris, et dont les évaluations sont de moins en moins rigoureuses, quand elles ne sont pas oubliées dans les placards. On décide, on finance, on réalise, mais le résultat compte pour peu de chose, comme si la seule volonté suffisait. L'évaluation des politiques publiques, si elle était appliquée et suivie comme elle devrait l'être, ne serait souvent pas à l'avantage de leurs promoteurs, voilà pourquoi on s'en dispense et passe au sujet suivant. Tout se passe comme si la politique devait rester une suite de gestes sublimes, dont les conséquences comptent peu. Jean-Pierre Orfeuil[1] constatait,

1. J.-P. Orfeuil, *Une approche laïque de la mobilité*, Descartes & Cie, 2008. L'auteur étend son constat à d'autres champs : « Le rejet de l'évaluation est en fait beaucoup plus profond, car on l'observe aussi dans d'autres domaines, comme la santé, les retraites, l'éducation ou encore le chômage : en politique les citoyens comme les responsables ont horreur de la rationalité et des pratiques d'évaluation qui la traduisent. »

dans le domaine des transports qui nous occupe, un déclin de la culture de l'évaluation, alors même que les infrastructures sont des paris coûteux, complexes et de long terme. C'est pourtant cette évaluation qui permettrait de juger du coût, du gain de temps, de la qualité de l'air, du bruit, des émissions de CO_2 évitées.

Pour une telle évaluation, il est nécessaire de disposer d'indicateurs clés, significatifs, fiables, mesurables et pérennes, sans quoi les prophéties prennent la place du constat empirique. Mais le besoin de croire plutôt que de savoir, d'espérer plutôt que d'améliorer, de persuader plutôt que de convaincre, se niche dans toutes les activités humaines. Le président de la Cour des comptes Didier Migaud déclarait en 2014, lors d'une audition à l'Assemblée nationale[2] : « Les instruments communautaires de réduction des gaz à effet de serre ont pour le moment échoué. Les mesures prises au niveau national sont quant à elles foisonnantes, insuffisamment évaluées et n'ont pas la cohérence nécessaire, y compris au sein de chaque filière. » Morale de l'histoire, seul ce qui se mesure s'améliore !

Le diable se nichant toujours dans les détails, cette morale est ambiguë car il est aussi des indicateurs mal définis ou non pertinents, sur lesquels certains se fondent pour perpétuer un aveuglement ou une idéologie. Nous allons le constater à travers l'exemple des indicateurs de « report modal » dans le cadre de la lutte contre le changement climatique.

Comme on le sait (voir idée reçue 5), depuis le Grenelle de l'environnement de 2007, tout est fait pour développer des « alternatives à la route » dans le transport et donc promouvoir un report modal des modes de transports routiers, principalement vers le ferroviaire. Surprise, cette part modale de la voiture semblait pourtant bel et bien décliner dans plusieurs grandes agglomérations françaises

2. Audition sur le rapport « La mise en œuvre par la France du Paquet énergie-climat de 2008 », Cour des comptes.

dans les années 2000. Les communes ou leurs groupements, qui sont les autorités organisatrices des transports urbains, disposaient en effet de deux outils privilégiés pour mesurer l'évolution des parts modales dans les villes : les enquêtes ménages déplacements (EMD) et l'évaluation des plans de déplacement urbains (PDU). Au milieu des années 2000, les EMD de Lille et de Lyon ont mis en évidence une diminution de la mobilité et de la « part modale de la voiture » et cette tendance a été confirmée par la suite dans d'autres agglomérations (Nice, Strasbourg), certaines connaissant une relative stabilité (Bordeaux, Rouen, Reims)[3].

Le document ajoutait un graphique donnant l'évolution de la part modale de la voiture dans ces agglomérations. On y voyait des courbes qui se suivaient et se ressemblaient : après une forte croissance, le tracé retombait, formant une petite cloche. On touchait au but. Et pourtant, malgré des moteurs toujours plus propres, ni la qualité de l'air ni la circulation ne connaissaient d'améliorations, ce qui plaçait la France en position délicate aux yeux de la Commission européenne. D'où venait donc l'imbroglio ?

Tout simplement d'avoir procédé à des mesures hors sujet ! On a cherché à apprécier la part modale de la voiture en mesurant… le nombre de déplacements en voiture, et non le nombre de kilomètres parcourus, ce qui est très différent. Tout automobiliste sait pourtant que son budget est plombé par le nombre de kilomètres parcourus, et non le nombre de déplacements… Il en va de même pour les émissions de gaz à effet de serre : elles dépendent des kilomètres.

Deuxième contresens, on a compté les déplacements urbains *stricto sensu*, et non les déplacements des « mauvais Français » (voir idée reçue 3), ceux qui arrivent en ville après un long trajet (plus de 10 km) pour faire vivre et prospérer le centre. Comme nous l'avons expliqué, ils sont non seulement ceux

3. *Ibid.*, annexes, p. 170.

qui représentent la part la plus importante de la circulation (et donc de la pollution), mais aussi les catégories de déplacements qui augmentent le plus vite.

Que croyez-vous qu'il arrivât ? La Commission européenne allait continuer à sanctionner la France pour mauvaise qualité de l'air, et nos autorités de décider dans l'urgence de convoquer une convention citoyenne, ou d'établir des « zones à faibles émissions » dans une douzaine de métropoles[4].

Manque de données pertinentes ? Certainement pas. Les enquêtes EMD étaient généralement bien faites, mais on n'en retenait que les indicateurs en nombre de déplacements. Les données sur la longueur des déplacements existent pourtant depuis longtemps. Tous les dix ans, de 1982 à 2008, une enquête nationale transports et déplacements (ENTD) très fouillée a été menée. Lui a succédé une enquête mobilité des personnes (EMP 2019), qui elle aussi offre une source sans équivalent. Ces données intègrent non seulement le nombre et le mode de déplacements, mais bien d'autres paramètres et notamment leur portée, donc les kilomètres parcourus.

Il aurait donc suffi de distinguer, *a minima*, deux classes de distances au sein des déplacements du quotidien, une catégorie « déplacements de proximité », ceux effectués à l'intérieur ou à proximité d'une des 36 000 communes ou arrondissements, et une autre, celle des « déplacements du quotidien longs » (DQL). Cette distinction a l'avantage de correspondre peu ou prou aux domaines de pertinence des principaux modes de transports

---

4. Actuellement, 11 métropoles ont mis en place une zone à faibles émissions mobilité (ZFE-m) : Grand Paris, Lyon, Aix-Marseille, Toulouse, Nice, Montpellier, Strasbourg, Grenoble, Rouen, Reims et Saint-Étienne. Dans ces zones, la circulation des véhicules les plus polluants peut être limitée et la prime à la conversion peut être majorée. D'ici 2025, les 43 agglomérations de plus de 150 000 habitants devront avoir instauré une ZFE-m.

publics. C'est ainsi qu'en Île-de-France, les distances moyennes parcourues par les usagers sont les suivantes : 2,4 km pour les bus parisiens, 3,1 km pour le tramway, 5,2 km pour le métro, 6,9 km pour le bus en grande couronne, 11,1 km pour les RER de la RATP et 15,3 km pour les trains de la SNCF (source OMNIL 2019). On voit qu'en Île-de-France, seuls le RER et le Transilien sont conçus pour, et utilisés par, des usagers qui effectuent des déplacements longs au quotidien. Le car express, très minoritaire en France, a un domaine de pertinence analogue à celui du RER, du Transilien ou du TER (distance entre 15 et plus de 40 km pour les lignes situées sur l'A14 ou l'A68).

L'enquête EMP 2019, qui recense chaque jour 180 millions de déplacements du quotidien d'une portée moyenne de 8,7 km, peut ainsi être décomposée en deux classes : 130 millions de déplacements de proximité d'en moyenne 2,8 km, et 50 millions de déplacements longs de 24,2 km en moyenne. Les premiers sont certes 2,6 fois plus nombreux, mais 8,6 fois plus courts en distance ! Ils comptent 3,3 fois moins en matière de congestion, d'émissions de CO_2 et de polluants. C'est donc le nombre et *la portée des déplacements longs* qu'il fallait traiter, les plus polluants et les plus dépendants de la voiture, et non le nombre de déplacements en général !

De son côté, l'Insee répertorie, à l'occasion de chaque recensement, le lieu de travail des « actifs en situation d'emploi » et fournit donc non seulement le nombre d'actifs qui effectuent des « navettes domicile-travail » entre deux communes, mais également leur « portée ». Ces données, certes limitées au seul motif domicile-travail, sont recueillies depuis une cinquantaine d'années, et elles permettent des analyses extrêmement précises. On peut là aussi distinguer les déplacements domicile-travail courts (moins de 10 km en portée) et les navettes du quotidien longues (plus de 10 km). Bien sûr, pour passer des navettes aux déplacements journaliers, il faut multiplier par deux le nombre de navettes et faire un abattement pour prendre en compte les absences pour congés, maladie ou télétravail.

Quels sont les indicateurs qui reflètent le mieux les enjeux de décarbonation de la route ? Quelle que soit la base qu'on interroge (EMP ou Insee), on constate que les portées des déplacements longs du quotidien évoluent peu d'un territoire à l'autre. Ce qui varie le plus, d'un territoire à l'autre, ce sont les parts respectives des nombres de déplacements de proximité et de déplacements longs. On fait moins de déplacements longs dans un grand centre urbain que dans une zone rurale. Il faut donc retenir un indicateur exprimant par exemple le pourcentage d'actifs d'un territoire qui effectuent des déplacements longs ou des navettes longues, et bien sûr la part modale de ces déplacements effectués en transports en commun. Il n'est pas nécessaire de retenir les portées et les kilomètres parcourus pour avoir une bonne idée du volume de circulation, ou des émissions de CO_2. Il suffit de retenir que les déplacements longs correspondent à des distances huit à neuf fois plus longues que les déplacements de proximité.

Sur le temps long, les déplacements de proximité stagnent ou diminuent en nombre au profit des déplacements longs, qui augmentent (23 % des déplacements du quotidien en 1994, et 28 % en 2019). Il en est de même pour les navettes longues : la proximité régresse et la déconnexion entre nos différents lieux de vie augmente.

Voilà comment se faire de fausses joies sur le déclin de la voiture et l'essor des transports en commun ! Trouver des chiffres est facile, trouver les bons chiffres et les faire parler est un art qui nécessite une dose certaine de discernement et d'esprit critique.

IDÉE REÇUE 15

« Le progrès technologique va nous sauver »

Que ne devons-nous pas au progrès technologique ? L'internet, les téléphones portables dernier cri, le vaccin contre le Covid-19, les prothèses de hanche, l'intelligence artificielle… La longévité, la santé, la prospérité et la sécurité nous semblent directement issues de notre capacité d'innovation, cette même innovation que chefs d'entreprises et dirigeants politiques invoquent régulièrement comme solution à nos problèmes écologiques, sociaux et politiques. Comment notre désir de mobilité, notre appétit de voyages pourraient-ils ne pas être secondés et reconduits par de formidables innovations, malgré la fin annoncée des énergies fossiles ? La voiture électrique, l'hydrogène, les carburants de synthèse ne prennent-ils pas déjà la relève ?

Tout d'abord, prenons conscience que le niveau actuel de mobilité dans les pays occidentaux est sans précédent : près de 50 km par jour en moyenne (dont 10 dans des déplacements aériens internationaux), toute l'année ! Nous nous sommes certes toujours déplacés, mais pas à cette échelle, rendue possible uniquement par la puissance des énergies fossiles. Autre point de vigilance, comme le rappelle l'idée reçue 17, le besoin de transport est en lui-même infini, sans limites naturelles, et certains envisagent même des allers-retours dans l'espace pour filer d'un continent à l'autre… Parler de progrès technologique peut donc être une façon de refuser de poser des limites à notre mobilité, qui est déjà insoutenable. Le report sur l'électrique ou l'hydrogène ne peut nous dispenser de nous interroger sur nos façons de vivre. De même, le véhicule autonome pourrait tout aussi bien faire bondir nos besoins en véhiculant les millions de personnes sans permis… Qui dit progrès technologique ne dit donc pas nécessairement progrès social ou écologique !

Les promesses technologiques ne se suffisent donc pas à elles-mêmes. Elles aboutissent le plus souvent à une fuite en avant ou un effet rebond. Pour les réguler, nous disposons de divers outils : le signal prix avec les taxes carbone de type TICPE française sur les carburants, la taxation du stationnement, le droit d'entrée dans les villes (péages urbains). Pour éviter un autre mouvement de type Gilets jaunes, ces régulations par les prix doivent impérativement tenir compte de l'équité sociale et proposer auparavant de véritables alternatives. Un autre outil est celui des incitations, de type bonus sur les voitures électriques (les plus légères) ou subventionnement du covoiturage. Les limitations sont évidemment une autre palette disponible : vitesse réduite en ville ou sur autoroute, quotas de véhicules à l'achat comme à Singapour… Dans sa version dure, la limitation peut virer à l'interdiction, comme pour le moteur diesel dans les zones urbaines, ou partout pour les moteurs thermiques, à terme. Toute cette évolution doit être empreinte de pédagogie et sensibilisation, et surtout faire partie d'un récit global impliquant toutes et tous, dans tous les domaines (tri des déchets, économie circulaire, économie du partage, sobriété énergétique…).

IDÉE REÇUE 16

« Le télétravail est écologiquement vertueux »

En France, le télétravail fut la révélation de la pandémie de Covid-19. Alors que notre pays était jusqu'ici à la traîne, ce qui pouvait trahir une culture managériale verticale, un manque de confiance dans les collaborateurs et un présentéisme certain, on a vu des entreprises de premier plan comme le constructeur automobile PSA faire du télétravail la règle et non plus l'exception pour les 40 000 employés non liés à la production à travers le monde. En 2020 et 2021, ce sont les pouvoirs publics qui ont mis en place un accord national interprofessionnel « pour une mise en œuvre réussie du télétravail », suivi d'un arrêté de la Direction générale du travail. Les bénéfices attendus sont bien connus : moindre temps de transport, bien-être, meilleur équilibre entre vie professionnelle et vie personnelle, plus grande autonomie, réduction des charges immobilières pour les entreprises, etc. À condition de disposer d'une solide connexion internet, des familles entières allaient s'installer à la campagne et revivre…

En 2020, la Direction générale du Trésor publiait une note relativisant cette vision très rose : l'impact du télétravail « dépend de nombreux facteurs : les conditions de mise en place du télétravail (outils, formation des salariés et de leurs managers), l'organisation du travail dans l'entreprise et le type de management (autonomie du salarié, valorisation du résultat plutôt que de la présence, capacité d'adaptation du management) ; et, enfin, les caractéristiques de chaque métier (degré d'interdépendance à d'autres tâches, caractère créatif du métier, autonomie) ». Même un des plus influents tenants du télétravail, le professeur d'économie à l'université de Stanford, Nicholas Bloom, est revenu sur son étude de 2015, qui promettait jusqu'à 20 % de gains de productivité grâce au télétravail. En 2020, après de plus larges consultations, il constate le risque d'« un désastre en matière de productivité » et d'« une bombe à retardement en matière d'inégalités et de santé mentale ». De fait, les entreprises les plus emblématiques du télétravail, comme Zoom, ont elles-mêmes levé le pied en renonçant au 100 % à distance, amorçant un mouvement baptisé « Return to Office » (ou Retour au Bureau en bon français...). Ce retour de balancier concerne également Amazon et Google, qui ont pu constater qu'un équilibre entre présence et absence était non seulement préférable, mais nécessaire à la créativité et à la convivialité des troupes[1].

On s'est surtout aperçu que le télétravail ne pouvait raisonnablement concerner qu'une minorité de travailleurs, dans des secteurs dématérialisés. Difficile de télétravailler en tant que technicien, ouvrier, vendeuse, caissière, instituteur, éboueur, agent de ménage, dirigeant d'entreprise, vigile, etc. Selon une étude de l'Insee[2], « en 2021 en moyenne chaque semaine un salarié sur cinq a télétravaillé » : 15 % des jours travaillés en 2021 l'ont été en télétravail. Cette moyenne cache de fortes disparités. Près d'un salarié sur deux (47 %) exerce une profession pour laquelle le télétravail a été quasi inexistant au cours de l'année 2021, même en période de pic de la crise sanitaire. Selon la Dares, sur les 27 millions d'emplois français, 18 sont incompatibles avec le télétravail, soit les deux tiers.

1. « La fin de l'âge d'or du télétravail et le début du RAB, "retour au bureau" », *Novethic*, 17 août 2023.
2. *Insee focus*, n° 263, mars 2022.

Sa part dans l'emploi du temps hebdomadaire est aussi cruciale : maintenir un, deux ou trois jours de rencontres et d'interactions paraît nécessaire pour la plupart. Beaucoup de professions constatent que le télétravail est parfait pour des processus déjà bien huilés entre personnes se connaissant, mais qu'il reste problématique pour l'innovation et la créativité, qui plus est entre personnes qui ne se seraient jamais rencontrées. Enfin la question des coûts se pose : quelle compensation offerte par l'employeur alors qu'il revient à l'employé d'aménager chez lui son poste de travail, de s'éclairer, de se chauffer, de s'équiper en matériel informatique ?

Dans « télétravail » il y a « télé », à distance. L'avantage principal de cette organisation est non seulement de continuer à travailler pendant une pandémie, mais de se dispenser de trajets pendulaires le plus souvent pénibles et coûteux pour l'individu, pour la société et pour la planète. Supprimer ou diviser par trois ou cinq les transports longs du quotidien (plus de 10 km) semble bien une aubaine.

Mais, outre les multiples réserves sur l'impact économique, social et humain d'un télétravail généralisé, il n'est pas non plus évident qu'il soit la solution miracle pour réduire les émissions de GES des transports. Bien sûr, l'élimination de la contrainte d'un déplacement long quotidien est un point positif, mais elle s'accompagne de multiples effets rebond, répertoriés dans une étude de 2020 de l'Ademe[3]. Si je peux travailler chez moi, je peux m'éloigner de mon lieu de travail, donc trouver un logement plus grand et sans doute plus énergivore, éloigné des transports en commun, qui m'obligera à utiliser ou acheter une voiture. Les déplacements domicile-travail et professionnels deviennent moins fréquents, mais plus longs. L'usage

3. « Caractérisation des effets rebond induits par le télétravail », Ademe, septembre 2020.

de l'internet et des outils numériques (visioconférence) n'est pas non plus neutre en CO_2, de même que l'énergie pour se chauffer et s'éclairer dans un espace souvent moins optimisé qu'un local professionnel. Enfin des déplacements inévitables restent à comptabiliser autour du logement : enfants à emmener à l'école, courses à faire, sorties diverses... ou encore le déplacement vers un « tiers lieu » qui permet de sortir de chez soi et de bénéficier d'un environnement de travail et d'échanges plus propice.

L'impact dépend donc d'une multiplicité de facteurs, notamment la façon dont l'entreprise parvient à synchroniser efficacement le télétravail pour faire baisser ses consommations résidentielles (chauffage, électricité). Une étude de l'Ademe et de l'Institut français pour la performance du bâtiment a été conduite à partir de 10 bâtiments professionnels et 100 télétravailleurs volontaires. L'effet rebond de la consommation des logements est très limité pour peu que les sites de l'employeur ferment au moins 48 heures (au lieu de rester ouverts pour une poignée d'actifs), ce qui peut générer 20 % à 30 % d'économies. Pour ce qui est des déplacements, le gain en émissions de CO_2 évitées est réel, en fonction bien évidemment de l'intensité de l'usage de la voiture individuelle. Les gains sont bien plus importants en province que dans l'agglomération parisienne, dont la part modale des transports en commun est exceptionnellement élevée.

Dans un rapport signé France Stratégie de février 2022[4], les auteurs s'interrogent sur la capacité contributive du télétravail dans l'effort de réduction des émissions de gaz à effet de serre. Dans le scénario dit « Ambition de base », qui extrapole les efforts déjà entrepris notamment au travers de la loi « Climat

4. « Prospective 2040-2060 des transports et des mobilités, 20 ans pour réussir collectivement les déplacements de demain », *op. cit.*

et résilience » de 2021, les efforts de réduction en ACV des émissions de GES dans le secteur des transports terrestres de voyageurs sont de 184 millions de tonnes par an en 2060. Parmi celles-ci, 112 millions seront évitées par le passage à la motorisation électrique (qui deviendra la seule en vente neuve dès 2035) ; 34 millions de tonnes de CO_2 évitées sont encore à trouver ; 38 millions sont évitées grâce à la sobriété, au sein de laquelle le covoiturage et les transports en commun comptent pour 22, les modes doux (marche, vélo) pour 7, l'aménagement du territoire pour 3 et le télétravail pour 6 millions de tonnes annuelles. Six sur 38 : l'impact du télétravail est donc tout à fait mineur dans ce scénario.

D'autres scénarios sont dits de « *backcasting* » : ils partent de l'objectif pour en déduire les moyens à mettre en œuvre. Dans cette optique, le scénario « pari sociétal » (misant principalement sur les changements de modes de vie) impliquerait 50 % de la population en télétravail au moins trois jours par semaine en 2060, tandis que le scénario « pari technologique » (misant principalement sur l'innovation) n'impliquerait « que » 30 % de la population en télétravail deux jours par semaine. Rien ne dit pourtant que les métiers de demain permettront davantage de travail à distance qu'aujourd'hui : les services à la personne, d'entretien, de surveillance et d'accompagnement sont au contraire appelés à y peser très lourd.

Retenons que le télétravail ne mérite ni cet honneur, ni cette indignité. Il est nécessaire à la réduction des émissions de GES des transports, mais loin d'être suffisant. Il ne suffit pas de limiter nos déplacements, il faut aussi les repenser et les mutualiser.

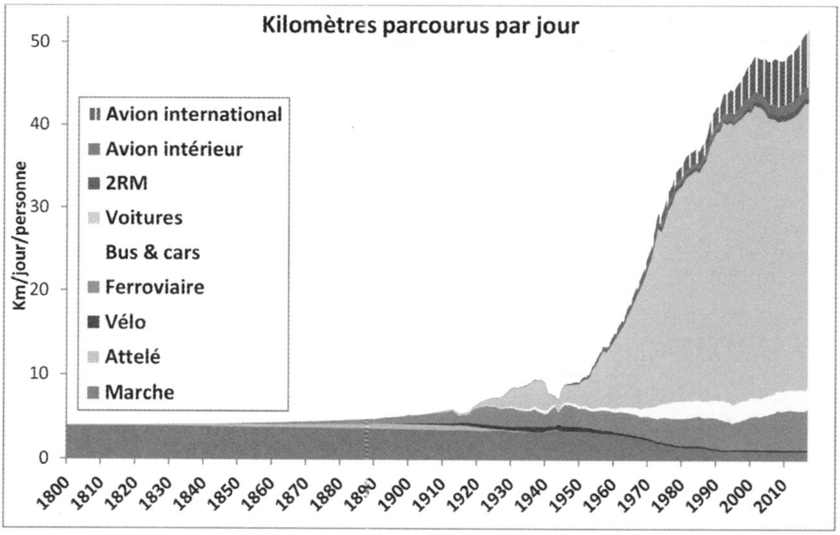

Source : Aurélien Bigo, « Les transports face au défi de la transition énergétique. Explorations entre passé et avenir, technologie et sobriété, accélération et ralentissement », Économies et finances, *Institut Polytechnique de Paris, 2020, p. 184.*

IDÉE REÇUE 17

« Il faut répondre à la demande de transports ! »

(Il est conseillé de lire auparavant l'idée reçue 1.)

En bonne doctrine économique, dès que surgit un besoin, la logique du marché permet, grâce à la liberté d'entreprendre, d'y répondre au mieux et au plus vite. Imaginons un marchand de glaces se préparant à la saison estivale en bord de mer : il sait que la population va doubler durant les mois de juillet et août, et qu'elle sera plus consommatrice de glaces que les résidents à l'année. Il va donc commander ou fabriquer d'autant plus de crèmes glacées pour répondre à ce pic de demande.

N'en serait-il pas de même pour les transports ? Autrement dit, la question de la mobilité ne pourrait-elle pas être réglée « une fois pour toutes » en proposant assez d'autoroutes, de lignes à grande vitesse, de bus, de RER pour satisfaire la demande ? La réponse est à la fois oui et non. Au début, proposer une nouvelle infrastructure de transport ou un meilleur équipement permet aux usagers de gagner du temps. Ce qui prenait une heure ne prend plus que 40 minutes, et beaucoup sont prêts à payer pour ce gain. Jusqu'ici, la fameuse loi de l'offre et de la demande se vérifie. Les choses deviennent plus complexes quand on constate que les usagers ne se contentent pas d'aller plus vite aux mêmes endroits, mais y vont plus souvent, et multiplient de nouvelles destinations plus lointaines. Le temps passé dans les transports ne diminue pas, mais les trajets sont plus fréquents ou plus longs. Tous les motifs entrent en jeu : recherche d'emplois plus gratifiants, de loisirs, de soins, de conjoint…

Le chercheur Yacov Zahavi, dans les années 1970, avait théorisé cette constance du temps de déplacement : si on peut aller plus vite, on se déplacera plus loin ou plus souvent ! Les ingénieurs français Jean Poulit et Jean-Gérard Koenig ont proposé, à cette même époque où se construisaient chaque année des centaines de kilomètres d'autoroutes, une théorie de l'accessibilité, selon laquelle les nouvelles infrastructures commencent par déplacer le trafic d'une route vers une autoroute, puis finissent immanquablement par en créer du nouveau. En cause, la recherche de nouvelles opportunités, l'enrichissement constant de la population, qui peut se permettre d'intensifier ses déplacements, grâce à la baisse tendancielle de leurs coûts. On ne satisfait donc pas le besoin de transports aussi facilement qu'une envie de glace sous le soleil de juillet ! Le vacancier se contentera d'un ou deux cornets par jour, tandis que le voyageur ou le navetteur ne connaissent pas la satiété. La mobilité est ce que l'économiste Yves Crozet appelle un « bien supérieur » (comme la culture ou le luxe) et ne connaît pas de limites naturelles, comme la consommation de crèmes glacées au cœur de l'été. L'espace que l'on peut parcourir ne dépend pas tant d'un besoin naturel préexistant, que du réseau et des véhicules disponibles, qui offrent des « effets d'aubaine » vers de l'inexploré, que ce soit pour une journée de vacances, pour un nouveau logement ou un nouveau travail. En supposant par exemple que le RER francilien, éprouvant pour tout usager quotidien, devienne, par la magie d'investissements colossaux, confortable, spacieux, ponctuel et efficace, ces qualités renforceraient encore l'attractivité de la région, attireraient de nouveaux habitants qui n'hésiteraient plus à s'installer en bout de ligne, jusqu'à l'atteinte d'une nouvelle saturation et dégradation du service…

Cette théorie de l'accessibilité énonce que la demande de mobilité est virtuellement inépuisable, dopée par l'amélioration des réseaux, l'augmentation du temps libre, l'accroissement démographique et l'étalement résidentiel. On constate ainsi l'éloignement croissant du domicile et du lieu de travail. De fait, elle pourrait l'être si elle ne connaissait pas de facteurs limitants : le temps et l'argent. La quantité de temps consacrée à se déplacer ne diminue pas, mais n'augmente pas non plus. Au-delà d'une certaine durée, le transport est vécu comme une contrainte fastidieuse, qu'il s'agisse d'aller au travail ou de partir en vacances. Le plus bel emploi du monde justifie difficilement plus de trois heures de déplacement quotidien, et on ne passe pas toutes ses vacances à l'autre bout du monde, à seize ou vingt heures d'avion. Le coût financier représente lui aussi un obstacle, surtout quand les prix de l'énergie s'envolent. Mais c'est aussi le coût de construction et d'entretien des infrastructures qui freine puissamment. Plus généralement, la quête de vitesse a un coût global pour la société et les individus, qui permet de calculer ce que le philosophe Ivan Illich a appelé la « vitesse généralisée », autrement dit la vitesse intégrant le coût total d'un déplacement, comprenant le véhicule, le réseau utilisé, les externalités négatives, mais aussi le temps de travail nécessaire pour les acquérir et les entretenir. De ce point de vue, pour une personne payée au Smic, la vitesse généralisée d'une voiture en ville est inférieure à celle d'un vélo ! L'automobiliste aux faibles revenus ferait mieux d'acquérir une petite reine, tandis que les plus riches peuvent encore se permettre cette perte de temps et de revenus.

Pour les déplacements interurbains, par contre, la supériorité de l'automobile est incontestable, car la vitesse moyenne atteinte surclasse tout autre mode de déplacement individuel. Comme le rappelle le géographe Francis Beaucire[1], « la diffusion spatiale des ressources (qu'autorise une vitesse accrue)

1. F. Beaucire, « Songer à la vitesse », *in* Agence d'urbanisme de la région grenobloise, « Excès de vitesse », *Les Dossiers de demain*, n° 5, 2006.

permet de réaliser d'autres aspirations sociales : l'atténuation de la promiscuité ("prendre ses distances", "se mettre à distance"), la diversification des milieux de vie, la propriété, aspirations elles-mêmes reliées au niveau de vie et au système de valeurs ». Cette utilité de la vitesse sur longue distance, malgré son coût social généralisé, est encore plus incontestable avec le train.

Mais là encore, jusqu'à une certaine limite : comme le relève l'économiste Yves Crozet[2], l'avion supersonique s'est avéré beaucoup trop cher pour les usagers et pour la société. Si la mobilité est en partie corrélée avec la croissance économique, si on se déplace plus quand on gagne plus, cette corrélation n'est pas éternelle. Passé un certain seuil, les coûts marginaux de l'accroissement de la vitesse et de l'ampleur des déplacements font que la vitesse généralisée (intégrant le coût pour l'individu et la société) diminue fortement. Sécurité, pollution, bruit, maintenance, matières premières, énergie expliquent cette contre-productivité. Et Yves Crozet de conclure : « Dans un monde où il s'agit d'assurer la mobilité du plus grand nombre, la vitesse optimale pour la société n'est pas la vitesse maximale, mais celle qui maximise le débit. »

Deux mondes sont dès lors possibles : d'un côté, une fuite en avant vers des déplacements toujours plus longs, plus fréquents, plus variés, plus confortables, quoi qu'il en coûte pour le temps de transport, l'impact écologique, l'aménagement du territoire… D'un autre côté, un retour en arrière avec un repli sur le local, dû soit à des politiques publiques de rationnement (taxe carbone, quota de transport aérien, taxe sur les automobiles comme à Singapour…), soit à un renchérissement considérable des hydrocarbures, de l'électricité, des matières premières, des

2. « Économie de la vitesse : Ivan Illich revisité », *L'Économie politique*, n° 74, 2017.

métaux, bref de tous les ingrédients de la mobilité exponentielle que nous avons connue au XXe siècle.

Ni l'un ni l'autre ne sont socialement souhaitables. Il faut conserver cette liberté fondamentale de circuler, conquête fondamentale de notre modernité[3]. Mais il va falloir en changer les modalités : le transport ne peut plus être synonyme d'individualisme, dans sa variante qu'est l'autosolisme. Si nous voulons conserver ces libertés, nous devons transiger et accepter une part de sobriété. Il nous faut massivement mutualiser, coordonner nos modes de transports et en diversifier les modalités. La mobilité ne peut plus reposer sur des coûts cachés, des externalités négatives que supporte toute la société (bruit, pollution, réchauffement climatique, perte de biodiversité) ou des inégalités fiscales, comme l'absence de taxation du kérosène utilisé par les avions : nous devons accepter de payer plus cher nos transports, et donc de les apprécier plus…

3. Note « Engagements climatiques et mobilités : à la recherche du bien commun ». https://tdie.eu/engagements-climatiques-et-mobilites-a-la-recherche-du-bien-commun/

TRANSPORTS
GRATUITS DANS
.....MINUTES ?
GABS.

IDÉE REÇUE 18

« Il faut rendre gratuits les transports en commun ! »

L'urgence climatique est là, il nous faut à tout prix sortir des énergies fossiles. En attendant l'avènement laborieux et lointain d'une voiture électrique à très faible impact carbone (voir l'idée reçue 7), misons tout sur les transports en commun ! Ils ne sont pas assez fréquentés, au profit de la voiture individuelle ? C'est qu'ils sont trop chers. Baissons donc toujours leur coût pour l'usager, ou rendons-les même gratuits ! Une trentaine de réseaux de transports n'ont-ils pas déjà fait le choix de la gratuité, correspondant à plus de 370 communes ?

L'enfer est pavé de bonnes intentions, et celles-ci n'échappent pas à la règle. Qui pourrait être contre une mesure qui semble à la fois démocratique et écologique ? Commençons par nuancer le constat : sur la trentaine de réseaux ayant instauré la gratuité totale, seuls cinq correspondent à une ville de plus de 100 000 habitants (Aubagne, Niort, Calais, Dunkerque, et Montpellier en décembre 2023). Comme le remarque Jean Coldefy, « la gratuité est surtout le fait de petites agglomérations dans le monde et toutes les grandes agglomérations l'ayant expérimentée (Portland, Austin, Denver…) sont revenues en arrière[1] ».

1. « La gratuité des transports en commun va-t-elle faire décroître l'usage de la voiture ? », *La Fabrique de la Cité*, novembre 2018. Voir également : « La gratuité totale des transports collectifs : fausse bonne idée ou révolution écologique et sociale des mobilités ? », rapport d'information du Sénat, n° 744 (2018-2019), déposé le 25 septembre 2019.

Dans les petites villes, elle peut effectivement permettre d'économiser sur les coûts proportionnellement trop importants de la billetterie.

Mais sans aller jusqu'à la gratuité, le mouvement d'une baisse des tarifs pour l'usager est général en France depuis trente ans. Le meilleur exemple est le passe Navigo, au même prix pour tous les Franciliens, qu'ils habitent dans le 5e arrondissement de Paris ou en Seine-et-Marne. Comme le rappelle l'économiste Yves Crozet, « dans les villes de plus de 100 000 habitants, le ratio de "couverture" des dépenses d'exploitation par les recettes commerciales n'est plus que de 28 %, contre plus de 50 % dans les années 1990 ». En Île-de-France, les dépenses de fonctionnement (source OMNIL) s'élevaient en 2019 à 10,9 milliards. Si cette somme était directement répercutée sur les 5,3 millions de ménages franciliens, cela représenterait 2 000 € par ménage. De plus, ce poste a augmenté de 49 % hors inflation depuis l'an 2000. Les recettes tarifaires payées par les voyageurs s'élevaient à 2,87 milliards d'euros : non seulement ce système de transports, certes performant, est très coûteux, mais l'usager n'en supporte que le quart du coût. Est-ce inéluctable ? Certainement pas. Le prix d'un passe Navigo est passé de 75 € à 84 €, tandis que son équivalent était autour de 140 € à Madrid, à 190 € à Berlin et 400 € à Londres ! Si l'usager francilien devait payer l'intégralité du service dont il bénéficie, le passe Navigo devrait être multiplié par quatre, soit près de 350 €. Qui paye ce fort différentiel français ? Un peu le contribuable, et beaucoup (48 % en 2023) des contributeurs réputés corvéables et taxables à merci, les entreprises, *via* la prise en charge partielle du Navigo et le versement mobilité, dont le taux varie selon la taille de l'établissement[2]. Notons au passage que le versement transport est une spécificité française, qui permet à Île-de-France Mobilités

2. www.iledefrance-mobilites.fr/decouvrir/financements

d'afficher un taux d'aides publiques au transport exceptionnellement bas (19 %) dans le baromètre 2018 de l'EMTA[3], alors que les autres capitales européennes ont un taux compris entre 40 et 60 % : le versement transport permet des miracles, mais à quel prix ?

N'oublions pas que les transports génèrent aussi des dépenses d'investissement : en Île-de-France, ils s'élevaient à 7 milliards en 2019, y compris Grand Paris Express. L'économiste Jean-Pierre Orfeuil fait les mêmes constats au niveau francilien : « Concernant les transports franciliens (RATP, SNCF, Optile), l'investissement sur le réseau "classique" (hors Grand Paris Express) a bondi de 130 % (4 milliards en 2019). Pour l'exploitation, les recettes issues des voyageurs ont augmenté de 13 %, les contributions fiscales (y compris versement mobilité) de 37 % (8 milliards)[4]. »

Mais au diable l'avarice (avec l'argent des autres) ! Si les fins sont bonnes, qu'importent les moyens... Parvient-on seulement à l'objectif louable de doper la part modale des transports en commun en en bradant le ticket d'entrée ? Certainement pas. Aucun effet majeur n'a été constaté au niveau international, comme le rapporte Jean Coldefy[5]. L'expérience allemande du passe rail à 49 € pour tous les trains locaux et régionaux conduit au constat suivant : « Il apparaît ainsi que 42 % des clients qui se sont reportés sur le Deutschland-Ticket disposaient déjà d'un abonnement et que 47 % étaient des utilisateurs occasionnels, qui

3. Baromètre EMTA 2020 (basé sur les données 2018).
4. J.-P. Orfeuil, « L'amour sans limite de nos élus pour le rail », *op. cit.* www.telos-eu.com/fr/economie/lamour-sans-limite-de-nos-elus-pour-le-rail.html
5. « La gratuité des transports en commun va-t-elle faire décroître l'usage de la voiture ? », *op. cit.* Voir également : « La gratuité totale des transports collectifs : fausse bonne idée ou révolution écologique et sociale des mobilités ? », *op. cit.*

espéraient réaliser une économie. Seuls 8 % sont des nouveaux clients qui n'avaient jamais utilisé le train auparavant. Ce sont surtout des habitants des métropoles[6]. »

Au contraire, des effets néfastes sont apparus. La hausse de fréquentation ne diminue pas la part modale de la voiture, mais plutôt celle de… la marche, puisque « à Lyon, 25 % des usagers de la ligne A l'empruntent pour effectuer un déplacement d'une station, soit 300 mètres ». On constate surtout une baisse de la qualité de service, une baisse des investissements et une augmentation, celle des incivilités et dégradations. Faire payer d'autres contributeurs que les usagers a comme effet pervers une moindre prise en compte de leurs besoins.

Où se loge donc le malentendu ? Il est tout à fait louable d'imaginer que certains usagers soient empêchés dans leurs déplacements pour des raisons financières. Ce ne sont pas la plupart d'entre eux, et les plus fragiles financièrement (chômeurs, étudiants, jeunes) bénéficient déjà d'importantes réductions (gratuité solidaire et sociale). Penser que le coût est l'obstacle principal revient à refaire la même erreur que pour l'accès à la culture. En rendant gratuits de nombreux musées, médiathèques ou manifestations (concerts, opéras…), on pensait mécaniquement attirer de nouveaux publics, ce qui n'a pas eu lieu, notamment auprès des jeunes[7]. Le problème était dans l'attractivité, et non pas les moyens.

Pour les transports, il en va de même : ce que recherche l'usager, ce n'est pas un réseau de transports en commun gratuit, mais un réseau confortable, sûr et efficace. La course à la quasi-gratuité ne peut qu'aboutir à un système à deux vitesses, comme le

6. S. Fay, « L'idée d'un "passe rail" à 49 € par mois prend forme », *Le Monde*, 25 septembre 2023.
7. P. Lombardo et L. Wolff, « Cinquante ans de pratiques culturelles en France », *Culture études*, 2020, vol. 2, n° 2, p. 1-92.

souligne Yves Crozet : « D'un côté, des transports individuels performants car financés (véhicules autonomes, parkings intelligents...), de l'autre, des transports collectifs où la qualité de service n'est plus assurée. » En réalité, le succès même de la voiture montre qu'en matière de transports, c'est l'efficacité, la sécurité et le confort qui sont privilégiés bien plus qu'un prix bas.

Certes, selon l'économiste allemand Adolph Wagner (1835-1917), plus une société s'enrichit, plus elle est en attente d'équipements collectifs, d'investissements et de sécurité. Il ne s'agit aucunement de le nier. Mais alourdir les charges des entreprises à l'heure où chacun appelle de ses vœux la relocalisation et la réindustrialisation constitue un vrai paradoxe. De même, peser sur le contribuable ne peut que diluer les responsabilités, et accentuer les inégalités territoriales entre le vrai bénéficiaire du service (l'usager) et le financeur contribuable qui n'est pas toujours le bénéficiaire du service. La gratuité est un piège qui ne peut que nous faire perdre de vue les vrais coûts (humains, financiers et écologiques) des transports.

GABS.

IDÉE REÇUE 19

« En ville, tous les déplacements devraient se faire à vélo ou à pied »

Quel paradis qu'une ville non seulement sans aucune voiture thermique, mais sans aucun véhicule lourd ! Dans un silence seulement perturbé par de douces conversations et le chant des oiseaux, cyclistes et piétons cohabiteraient harmonieusement, dans une ville où, de surcroît, tous les services et aménités seraient à 15 minutes (voir idée reçue 12)... Bus, tramways, camionnettes seraient remplacés au pire par des vélos cargos.

Le rêve est réconfortant, mais on se trouve davantage dans la bulle d'un village Center Parcs qu'au sein d'une véritable ville, si l'on entend par ville un lieu d'échanges, d'ouverture, de communication avec un pays tout entier, ou accueillant même des flux internationaux.

L'état des lieux des usages porte plutôt au pessimisme. En France, la part modale de la marche dans les déplacements du quotidien était de 34 % en 1982, de 23 % en 1992, de 22 % en 2008. En 2019, elle était de 23,9 %, pour une distance moyenne d'un kilomètre. Celle du vélo était de 4,5 % en 1982, 2,9 % en 1994, 2,7 % en 2008. En 2019, elle était de 2,6 %, avec une distance moyenne parcourue de 3,4 km[1]. La part des trajets réalisés à vélo culmine

1. Voir F. Papon et R. de Solère « Les modes actifs : marche et vélo de retour en ville », article 4 de *La Revue du CGDD*, « La mobilité des

entre 2 et 3 km, puis décroît. Ce mode de transport est très peu utilisé au-delà de 12 km, et il est surtout utilisé pour le loisir. Sachant que les Français effectuent au titre des déplacements de proximité (moins de 10 km) 130 millions de déplacements par jour, dont 72 millions en voiture ou deux-roues motorisé pour une moyenne de 3,8 km, le potentiel du vélo est énorme ! La Stratégie nationale bas carbone 2 (scénario AMS) prévoit en conséquence de multiplier par cinq l'usage du vélo en 2030 (de 5 milliards de km parcourus à 26 milliards), et par sept à l'horizon 2050. La SNBC 3, dans son scénario AMS, est un peu moins ambitieuse pour 2030 (22 milliards seulement), mais nettement plus à long terme. Enfin le Secrétariat général à la planification écologique (SGPE) illustre l'objectif 2030 de la SNBC 3 comme suit : « 2,5 millions d'automobilistes choisissent le vélo, 5 jours par semaine, pour effectuer 20 km par jour ». Ce report de 17 milliards de km parcourus est à rapprocher des 72 millions de déplacements de proximité de 3,8 km effectués chaque jour en voiture, soit environ 100 milliards de km parcourus par an en voiture : c'est donc 17 % des automobilistes effectuant des déplacements de proximité qui devraient basculer vers le vélo.

Le frein n'est pas la possession, puisque les 29 millions de ménages possèdent 35,7 millions de voitures et 16,6 millions de vélos[2] et ces véhicules effectuent 480 milliards de km pour les voitures, soit en moyenne 13 360 km par voiture et par an, et 5,5 milliards de km pour les vélos adultes, soit en moyenne

Français : panorama issu de l'enquête nationale transports et déplacements 2008 ». www.statistiques.developpement-durable.gouv.fr/sites/default/files/2018-11/La_mobilite_des_Francais_ENTD_2008_revue_cle7b7471.pdf Et Datalab Essentiel n° 266 (EMP 2019).

2. Seuls 32 % des ménages possèdent au moins un vélo adulte (et contrairement à une idée répandue, cette part monte à 39 % dans les communes peu denses).

324 km par vélo et par an. Une voiture roule en moyenne 200 h par an (sur 8 600 !) à environ 70 km/h : c'est vraiment très peu (voir idée reçue 20) ! Et le vélo roule en moyenne 50 h à environ 7 km/h : 1 h par semaine ! C'est encore plus faible et signifie que le problème majeur est le renforcement de l'usage.

Sur les 16,6 millions de vélos utilisés, les VTT représentent la moitié, tandis qu'on dénombre 520 000 vélos à assistance électrique, mais c'était en 2019 et les ventes de VAE ont explosé ces dernières années pour passer à plus de 700 000 en 2022. Quant à l'usage, les trois quarts des vélos sont utilisés pour le sport ou les loisirs, 14 % pour faire les courses, 11 % seulement pour des motifs professionnels. Il reste des marges de manœuvre pour faire du vélo un vrai véhicule et non plus seulement un passe-temps.

Signe d'espoir, aux Pays-Bas la part modale du vélo est de 25 % (dix fois plus qu'en France)[3] et la portée moyenne est la même qu'en France (3,4 km) : décupler l'usage du vélo est donc possible. L'utilisation des modes actifs pour se rendre au travail varie fortement entre les 20 métropoles françaises les plus peuplées : la part des marcheurs est ainsi deux fois plus élevée à Nice qu'à Bordeaux, et l'écart maximal est encore plus marqué pour le vélo, dont l'usage est huit fois plus répandu à Strasbourg qu'à Saint-Étienne. Cette diversité montre qu'il n'y a pas de fatalité, et qu'une forte volonté politique peut changer les choses.

Si nous parlons des habitants de la ville *stricto sensu*, il n'est donc pas impossible d'imaginer une conversion quasi exhaustive au vélo et à la marche dans les déplacements de proximité. Des politiques volontaristes pourraient y contribuer fortement, par

---

3. Netherlands Institute for Transport Policy Analysis, « Cycling Facts ». https://english.kimnet.nl/publications/publications/2018/04/06/cycling-facts

une restriction de l'accès des voitures, par un élargissement des trottoirs, par la création de pistes cyclables en sites propres. C'est l'évolution qui s'est produite, à la faveur de la pandémie, dans de nombreuses grandes villes dont Paris, à la suite des villes des pays nordiques, mais aussi de Berlin ou de Bogota. Reste à régler ce nouveau problème d'une harmonie généralement non préétablie entre piétons, vélos et trottinettes... Un nouveau partage de l'espace urbain s'impose !

Pour autant, le problème de la circulation ne se pose pas que pour les citadins, loin de là. Une ville n'est pas qu'un lieu d'habitation, c'est un lieu d'échanges, de transit et de services multiples. N'oublions pas (voir idée reçue 11) que plus d'un million d'emplois à Paris sont occupés par des actifs résidant en moyenne à 19 km du centre de la capitale. En province, le tiers des emplois au sein des grandes villes sont occupés par des navetteurs longs. La plupart de ces villes n'ayant pas de RER, ces navetteurs viennent en voiture. S'il faut donc bien inciter les Toulousains à marcher ou à acheter un vélo, cela ne règlera pas les déplacements de tous ceux qui viennent de loin nettoyer leurs bureaux, surveiller leurs magasins, vider leurs poubelles ou garder leurs enfants ! Sans compter les personnes qui viennent pour une séance de cinéma ou un rendez-vous de médecine spécialisée.

C'est toute la vertu du modèle isérois des lignes d'autocars express, s'ajoutant aux services de TER, complétés par les politiques de la ville de Grenoble en faveur des modes actifs. Cet écosystème favorise l'intermodalité, l'enchaînement fluide des modes collectifs et actifs. Le non-Toulousain fraîchement débarqué peut immédiatement marcher ou pédaler comme un authentique Toulousain...

Il est donc tout à fait souhaitable que tous les déplacements de personnes en ville s'effectuent à pied ou à vélo, mais à condition que les habitants des périphéries se voient offrir, pour se rapprocher de la ville, une alternative efficace et désirable à la voiture individuelle, comme un train, un bus ou un car express, puis que ces modes actifs leur soient facilement accessibles. La ville étant le lieu de l'accueil et de la diversité, des modes spécifiques doivent être conservés à destination des personnes en situation de handicap ou que l'âge limite dans leurs déplacements[4]. Quant aux déplacements des marchandises ou des professionnels (plombier, livreur, serrurier...), des camionnettes restent à prévoir dans le paysage...

4. Selon l'enquête nationale transports et déplacements effectuée en 2008, 10,5 % des personnes de plus de 18 ans déclaraient être gênées physiquement ou limitées dans leurs déplacements hors de leur domicile.

ZÉRO ÉNERGIE.
BON POUR LE COEUR.
BON POUR LA LIGNE.
BON POUR LA PLANÈTE.
GABS.

IDÉE REÇUE 20

« Il n'y a qu'à être plus sobre en énergie ! »

La cause est entendue, nos sociétés doivent devenir sobres. Le terme de sobriété est devenu non plus un slogan d'Amish rétrograde, mais un axe majeur de nos politiques publiques. Sur le site du ministère de l'Écologie, la sobriété est conçue comme une sobriété énergétique, « dans un contexte marqué par l'accélération du changement climatique et le conflit ukrainien ». Pour traiter les effets, il faut traiter les causes : si nous voulons faire diminuer nos émissions de gaz à effet de serre, il est bienvenu de diminuer notre consommation d'énergie, dont le mix mondial est encore constitué très majoritairement de sources fossiles. Le ministère précise que cette sobriété englobe quatre volets : consommer moins, consommer autrement, développer les énergies renouvelables et le nucléaire. Cette approche s'est traduite par la mise en place de neuf groupes de travail interministériels (transports, logement, industrie, sport, entreprises, collectivités, État exemplaire, numérique, établissements recevant du public et surfaces commerciales…), dont la diversité témoigne de l'étendue du problème !

Effectivement, vouloir réduire notre consommation d'énergie doit passer par de nombreux leviers. L'équation de l'économiste japonais Yoichi Kaya, adaptée au domaine des transports, comprend cinq facteurs : 1) la taille de population ; 2) l'intensité CO_2 des carburants ; 3) la consommation moyenne d'énergie par kilomètre parcouru ; 4) l'occupation moyenne du moyen de transport ; et 5) la mobilité individuelle exprimée en kilomètres.

Il suffirait donc de remplacer progressivement les énergies fossiles par des énergies propres (2e facteur), de choisir des modes plus économes en énergie par kilomètre parcouru (3e facteur), et d'optimiser le taux d'occupation (4e facteur). Si cela ne suffit pas, il s'agirait de restreindre la mobilité individuelle ou la taille de la population ! C'est dire que cette notion de sobriété, que nous avons croisée sans la nommer à de nombreuses reprises, est riche de complexités…

L'électrification des moteurs est évidemment la voie à suivre, mais à condition de raisonner en impact carbone, de façon à prendre en compte l'origine de l'électricité (carbonée ou pas) et les émissions liées au cycle de vie de la voiture (voir idée reçue 7). Il serait avisé de prendre en compte le poids du véhicule par place assise (empreinte matérielle avec les métaux et le plastique, mais aussi le « parcours de vie » (voir idée reçue 9) et, dans la mesure du possible, de relocaliser la fabrication des véhicules en France ou en Europe, où elle est bien moins polluante qu'en Asie. Finir d'électrifier le réseau ferré (principalement TER) serait aussi un bon point, pour en terminer avec les supertanks diesels (voir idée reçue 9), de même qu'équiper en bornes de recharge rapide la plupart des stations-services.

Passons au troisième facteur : la consommation moyenne d'énergie par kilomètre parcouru implique de favoriser au maximum les modes actifs comme la marche, le vélo ou la trottinette. Ces deux derniers offrent la plus grande sobriété en poids du véhicule (10 à 20 kg) et en énergie. Avec cette réserve que le poids des modes motorisés (de 250 kg par place assise pour une petite voiture ou un bus, à 800 kg pour un train) offre des services que les modes actifs ne peuvent pas assurer en termes de distance, de sécurité et de confort. Tout n'est pas substituable.

N'oublions pas également que les transports, ce sont aussi des réseaux, à créer ou à entretenir. La dette carbone qui résulte d'une infrastructure à construire est particulièrement lourde et longue à rembourser. C'est bien pourquoi les voies rapides périurbaines devraient être aussi remplies de voyageurs qu'un train ou un métro aux mêmes heures. Ces voies cher payées restent pleines de vide (celui de l'habitacle des voitures autosolistes), et nous devrions faire un meilleur usage de ces actifs immenses, comme nous y invite le regretté Bruno Latour : « Quand on parle de mobilité accrue, de civilisation de la vitesse, on tend à ne concentrer son attention que sur le mobile qui se déplace et pas du tout sur l'ensemble du système pour lequel le mobile n'est que l'élément final. Or il n'y a de mobile que parce qu'il existe une infrastructure immobile. Quand la mobilité d'un élément s'accroît, l'immobilité des infrastructures (ou pour parler le langage de l'économie, ses emprises, ses investissements) s'accroît d'autant[1]. » Cela conduit à se poser la question de l'optimisation du « taux d'usage » de nos réseaux (voir idée reçue 23). Nous savons utiliser au maximum les capacités d'une ligne ferroviaire ou de métro dans une grande métropole, mais nous ne savons pas (ou ne voulons pas) le faire pour les voies rapides périurbaines : ces voies sont pleines de vide. Or avant de créer des voies nouvelles nous devons mieux utiliser ces actifs immenses qui supportent nos différents modes de transport.

La sobriété, c'est donc aussi une augmentation, celle du taux d'occupation, qui concerne tous les modes de transport, et pas seulement la voiture individuelle (voir idée reçue 4). En somme, avant de se lancer dans une fuite en avant antisociale (ou malthusienne) ou technologique, nous devrions optimiser l'usage de nombreux actifs existants : les réseaux déjà construits

1. Préface de l'ouvrage *De l'histoire des transports à l'histoire de la mobilité*, Presses universitaires de Rennes, 2009.

et amortis, les véhicules particuliers ou publics, les places assises pas ou peu utilisées, et cela nous amène à poser la question du « taux d'usage » de tous ces véhicules qui supportent nos mobilités.

Selon les données du CCTN 2019, les 37 millions de voitures françaises effectuent en moyenne 12 000 km par an, assurant l'équivalent de 20 000 voyageurs-kilomètres par an et par véhicule (avec un taux d'occupation de 1,6 passager). En prenant l'hypothèse d'une vitesse moyenne de 60 km/h, cela signifie que nos voitures servent en moyenne environ 200 h par an (sur un total annuel de 8 600), soit seulement 2,5 % du temps ! C'est aussi la moyenne européenne, avec 280 millions de véhicules qui sommeillent sur un parking pendant 97,7 % du temps, et qui, même en roulant, sont utilisés à 30 ou 40 % de leurs capacités. Prenons à présent les 100 000 bus et cars qui effectuent en moyenne 34 000 km par an, avec un taux d'occupation moyen de 19 passagers (estimé par l'auteur à partir des données CTN, mais les taux d'occupation des bus et cars reste assez mal connu). Ils rendent un service de 650 000 voyageurs-kilomètres par an et par véhicule. C'est bien sûr trente-trois fois plus que les voitures, mais il n'en demeure pas moins étonnant que ce véhicule ne roule pas beaucoup plus, on s'attend intuitivement à ce que ce véhicule public roule non pas 200 h comme un véhicule individuel, mais 2 000 h par an, et avec dix fois plus de passagers que la voiture on devrait avoir un différentiel de l'ordre de 100 !

Cela nous amène à réfléchir sur la vitesse commerciale[2] des bus et donc sur le tracé des lignes de bus en lien avec la congestion et la gestion de l'espace viaire (voies bus, stationnement, priorités aux feux...). Sur certains territoires comme l'Île-de-France,

2. La vitesse commerciale d'un moyen de transport en commun est sa vitesse moyenne incluant les arrêts utiles à l'usager.

haut lieu de la congestion quotidienne, 10 000 bus assurent un service de 5 000 millions de voyageurs-kilomètres, soit environ une valeur très faible de 500 000 voyageurs-kilomètres par véhicule et par an (source OMNIL 2019). De leur côté, les cars interurbains type cars Macron effectuent 180 000 km par an et assurent un service de 4 600 000 voyageurs-kilomètres par an et par véhicule : neuf fois plus que nos bus franciliens ! Il s'agit certes d'une niche avec très peu d'arrêts, une vitesse élevée, des lignes à haute fréquentation, mais elle montre la marche à suivre dans notre quête de sobriétés en tous genres : le tracé des lignes et le nombre d'arrêts. À l'époque où l'énergie semblait abondante et bon marché, les tracés des lignes de bus se voulait exhaustif, et comportait donc de nombreux zigzags et de nombreux arrêts. À l'heure de l'optimisation, il ne serait pas idiot de rationaliser les lignes, d'espacer les arrêts, d'une part pour augmenter notablement la vitesse commerciale, d'autre part pour laisser aux mobilités douces (marche, vélo, trottinette) le soin de rejoindre la station la plus proche.

Autre piste, le cadencement, défini comme un « horaire rythmé ». Il signifie que les véhicules partent chaque heure à la même minute, qu'il pleuve ou qu'il vente, heures pleines ou heures creuses. À l'heure où même les collégiens sont équipés de smartphones haut de gamme, il devrait être possible de proposer une offre bien plus adaptée. La chance que nous avons est qu'une des principales vertus du numérique est cette optimisation des actifs, par un ajustement en temps réel de l'offre et de la demande. On voit clairement qu'il y a une multitude de stratégies et de politiques à adopter avant de culpabiliser ou pénaliser les individus (restreindre la mobilité ou même, selon l'équation de Kaya, la population !).

Il est enfin une sobriété à laquelle on ne pense pas, tant nous sommes focalisés sur les émissions de gaz à effet de serre, celle de l'usage des fonds publics ! Dépenser moins pour prélever moins... Comme le rappelle Jean-Pierre Orfeuil[3], les transports ne peuvent continuer à engloutir, sans résultats probants à la hauteur des efforts consentis, des enveloppes financières équivalentes à des budgets entiers d'autres priorités (éducation, industrie, hôpital, etc.). Le contribuable ou l'entreprise ne peuvent indéfiniment financer, à travers des impôts ou des taxes comme le versement mobilité, l'essentiel des charges de fonctionnement de réseaux de transports qu'ils n'utilisent pas toujours. Malheureusement, le budget des ménages n'est pas extensible et d'autres priorités, d'autres gisements de réduction des gaz à effet de serre sont à financer, à commencer par la rénovation thermique et la transition agroécologique.

3. J.-P. Orfeuil, « L'amour sans limite de nos élus pour le rail », *op. cit.*

PARTIE 3

Quelques doutes sur le dogme français du tout-ferroviaire

IDÉE REÇUE 21

« Les RER métropolitains ou la possibilité de choisir (enfin) son mode de déplacement »

(Il est conseillé de lire auparavant l'idée reçue 2.)

Fin novembre 2022, le président de la République, dans une vidéo YouTube, concluait ainsi son annonce d'un grand projet de transports en commun pour la France : répliquer dans dix métropoles régionales le modèle du RER francilien, mis en place à partir des années 19 60. Cette révélation inopinée en a surpris plus d'un, et réjoui les principaux intéressés, maires ou présidents de régions. La page des modalités et des financements restant encore blanche, chacun a pu projeter ses idées, ses souhaits et ses visions. Cette intervention du chef de l'État faisait suite à la déclaration du 24 juillet de la même année du président de la SCNF, Jean-Pierre Farandou, qui souhaitait 100 milliards d'euros d'investissement sur quinze ans pour participer à la décarbonation des transports. Cette somme comprendrait la création de RER métropolitains, en référence à une étude de 2020 de la SNCF (« Étoiles ferroviaires et services express métropolitains, schéma directeur »).

Il n'est pas interdit d'entendre dans cette déclaration fracassante un certain bégaiement de l'histoire. Une première grande prise de conscience de l'urgence environnementale dans les années 1990-2000 avait abouti à la stratégie des alternatives à la route, qui s'est soldée par un échec certain (voir idée reçue 5). À la faveur du choc géopolitique consécutif à la guerre en Ukraine, à l'explosion des prix de l'énergie et à l'évidence quotidienne du réchauffement climatique, il semble se rejouer aujourd'hui la même panique, avec les mêmes bonnes questions et les mêmes mauvaises réponses. Un réflexe pavlovien vers la relance du ferroviaire comme seul outil techniquement, écologiquement et financièrement adapté au défi majeur de la décarbonation des transports.

Revenons aux objectifs définis par la Première ministre Élisabeth Borne dans son discours de « présentation d'un plan d'avenir pour les transports » du 24 février 2023 : « Aujourd'hui, les transports, ce sont les usages de nos concitoyens, les changements dans leurs aspirations, et la possibilité de choisir son mode de déplacement. » Et de poursuivre : « [il existe] deux orientations majeures. La première, c'est le développement des transports du quotidien. Car en donnant accès à la mobilité, on peut résorber les fractures territoriales, rompre l'isolement, redynamiser certains territoires. Manquer d'accès aux transports, c'est parfois devoir renoncer à une offre d'emploi, rater une formation, renoncer à voir un proche. En investissant dans les transports du quotidien, on améliore la vie de nos concitoyens. La seconde ambition, c'est la décarbonation ».

Cette annonce a un mérite certain : elle reconnaît l'existence et l'ampleur des déplacements longs de la vie quotidienne, segment qui est longtemps resté sous les radars de nos décideurs. Elle a un autre mérite, celui de cibler un mode de transport conçu et utilisé par les usagers qui font ces déplacements longs du quotidien. Rappelons en effet que les modes de transports publics urbains ne sont ni conçus, ni utilisés par des usagers qui font plusieurs dizaines de kilomètres (métro 5,2 km en moyenne, bus urbain 2,5 km, bus Optile 7 km – source OMNIL, données 2019). Par contre, la distance moyenne parcourue par les usagers est de 15 km pour le Transilien, et de 11 km pour le RER, mode qui cible à la fois les déplacements longs en banlieue et les courts dans Paris.

« La possibilité de choisir son mode de déplacement » pour ce segment longtemps oublié des politiques de transport est donc un objectif tout à fait louable, et l'Île-de-France semble avoir atteint cet objectif. En effet, sur la base de nos indicateurs (voir idée reçue 3), la part modale des transports en commun pour les navettes longues en Île-de-France atteint 49 % (contre 6 % sur le reste du territoire), et effectivement, cette région, avec ses 1 525 km de RER et de Transilien, fait figure de modèle à suivre. Il est d'ailleurs reconnu au plan international.

Mais le débat se complique, dans la mesure où l'acronyme RERM entretient une certaine confusion. Pour la majorité des acteurs, il désigne principalement des services ferroviaires. Or l'article 1 du projet de loi sur les RERM/SERM précise qu'« un service express régional métropolitain est une offre multimodale de services de transports collectifs publics qui s'appuie sur un renforcement de la desserte ferroviaire et intègre, le cas échéant, la mise en place de services de transport routier à haut niveau de service ainsi que la création ou l'adaptation de gares ou de pôles d'échanges multimodaux ».

Des débats animés à l'Assemblée nationale ont porté sur la suppression des mots « le cas échéant », les tenants de l'option routière souhaitant qu'elle soit placée sur un même plan que l'option ferroviaire, mais ils n'ont pas obtenu gain de cause. Il est toutefois proposé de remplacer RERM par SERM, terme qui ne lève pas l'ambiguïté et qui ne fait que traduire l'embarras du législateur. Préférons donc la clarté à la fumée : nous ferons ici l'hypothèse que l'acronyme ne désigne que des services ferroviaires.

Auquel cas, l'affiche est belle : parler de RER en dehors de l'Île-de-France, c'est promettre un réseau unique en Europe, celui d'une région qui ne totalise pas moins de 1 750 km de voies ferrées, dont 605 dédiées au RER, 920 au Transilien et 225 au métro[1]. Mais qu'est-ce qu'un réseau express régional ? À la différence des lignes de métro qui pour l'essentiel desservent Paris intramuros, les cinq lignes du RER actuel ont en commun d'effectuer un trajet qui traverse Paris, d'une lointaine banlieue à d'autres opposées. C'est ce qu'on appelle la « diamétralisation » de l'offre de transports (la ligne du RER E attendant encore son prolongement). De plus, une ligne de RER est cadencée : elle doit respecter une régularité minimale, y compris en dehors des heures de pointe. On comprend que cette armada de transports en commun puisse susciter des convoitises !

Mais peut-on construire de tels Versailles dans chaque métropole ? Sans doute pas ! La première question est financière. Le réseau de transports en commun francilien coûte près de 2 000 € par an et par foyer, soit 10 milliards d'euros par an (source OMNIL). Ce coût est peu sensible, car il est pris en charge par de multiples impôts et versements (dont le fameux versement mobilité des employeurs, en Île-de-France entre 1,6 et 2,95 % du salaire brut des employés). N'importe quelle région ou agglomération est-elle capable d'un tel effort financier ? Ajoutons que ces dépenses élevées ne suffisent pourtant pas à assurer un service à la hauteur des attentes : tout Francilien connaît les pannes à répétition du RER, ses lenteurs et ses fragilités, du fait d'un réseau vétuste et longtemps mal entretenu.

Le plus étrange, dans cette affaire, est de prendre l'Île-de-France, qui est l'exception française par excellence, pour en tirer un modèle s'appliquant uniformément à dix métropoles régionales,

---

1. Source : OMNIL, « Les transports en commun en chiffres », édition 2021.

au moment même où des élus Franciliens, constatant que ce modèle laisse des centaines de milliers d'usagers sur la route, demandent un système de transports en commun sur autoroute.

Rappelons que l'Île-de-France[2] rassemble 12 millions d'habitants sur 12 000 km^2, soit 1 000 habitants au km^2. Le reste du territoire national est en moyenne dix fois moins dense, heureusement... La métropole du Grand Paris concentre 7 millions d'habitants sur 800 km^2, tandis que celle de Lyon seulement 1,4 million sur 900 km^2. Il est probable qu'en divisant par dix la densité démographique d'un territoire, on divise d'autant le besoin de déplacements dans les trains et sur les routes... Et il n'y a pas là qu'un changement d'échelle : la pertinence et la valeur ajoutée du train ne sont significatives qu'à partir d'une certaine quantité de voyageurs concernés...

Revenons au cas francilien : nous y trouvons 5 lignes de RER, dont 4 sont traversantes, ce qui signifie qu'elles donnent lieu à 9 branches, et 8 lignes de Transilien, soit 18 radiales qui se dédoublent parfois au-delà de la banlieue. Tant et si bien que l'étoile ferroviaire comporte plus de 20 branches, et on comprend que la fonction « rabattement » est d'autant plus efficace que le nombre des branches est élevé. En d'autres termes, si on ne crée pas de nouvelles branches autour de métropoles, on laissera toujours autant d'usagers loin des gares. On aura amélioré l'attractivité de la métropole pour les pôles périphériques déjà desservis, mais l'enjeu des inégalités territoriales restera entier.

On peut conforter ce résultat en constatant qu'avec 390 gares en Île-de-France, on atteint une trentaine de gares pour 1 000 km^2. Cette densité doit être comparée avec les 2 500 gares du reste du territoire national, soit 5 gares pour 1 000 km^2, six fois moins. En outre, la performance de cette étoile ferroviaire francilienne est

2. Paris étant la 8e capitale la plus dense au monde, avec près de 21 000 habitants au km^2.

renforcée par l'existence d'un réseau de transports en commun en site propre (TCSP) tout à fait hors norme (métro essentiellement, avec 14 lignes et 308 stations, mais aussi les autobus). L'intermodalité ferroviaire/TCSP est en effet fondamentale pour atteindre sa destination, quelle qu'elle soit. C'est la fonction « diffusion » à l'aval.

Chercher à imiter le RER francilien reviendrait donc à ouvrir un chantier pharaonique de nouvelles lignes et gares, à des coûts et avec des délais démesurés. De fait, les premières pistes portent plus sur le cadencement, la rénovation et la coordination des lignes existantes (diamétralisation) que sur la construction de nouvelles lignes. Notons en outre qu'en l'absence d'un réseau puissant, maillé et fréquent de métros, les effets des RERM seront limités.

Ce faisant, on continue à étoffer l'offre d'un mode de transport unique, qui est loin de couvrir les besoins de la population. Injecter des milliards pour la dizaine de grandes aires urbaines de plus de 700 000 habitants, c'est utile pour améliorer la compétitive économique des métropoles concernées dans un contexte où la compétition mondiale se joue en grande partie au niveau des grandes métropoles. Mais c'est implicitement accepter de délaisser les 41 aires entre 200 000 et 700 000 habitants, ou les 121 entre 50 000 et 200 000.

Repartons donc des besoins plutôt que des grands desseins. À l'échelle de la France, comment répondre à la demande que représentent les 50 millions de déplacements du quotidien longs, d'une longueur moyenne de 24 km ? Le TER, largement soutenu et subventionné, ne prend en charge que 2 % de ces déplacements effectués en province (303 millions de déplacements pour l'année 2019 soit 0,83 million par jour, source ART), mais 4 % en termes de voyageurs-kilomètres[3].

3. En effet la distance moyenne des déplacements en TER est de 50 km, soit le double de la distance moyenne des DQL.

On sait qu'en matière de décarbonation, les leviers principaux sont le déploiement du véhicule électrique et l'augmentation du taux d'occupation, qui assureraient environ les trois quarts de l'objectif à long terme.

En pratique, sur ce segment des DQL, le SGPE retient à l'horizon 2030 un objectif de report modal de l'ordre de 8 % des voyageurs-kilomètres.

En fait l'ambition du report modal ne cible que les déplacements longs du quotidien entre les territoires peu denses et les grandes villes (plus de 50 000 habitants)[4], les seuls susceptibles d'être massifiés pour justifier des services de trains ou de cars du quotidien. La question qui se pose ici est une question d'équité territoriale : doit-on concentrer cet effort de report modal sur des liaisons de pôle secondaire (petite ville) à pôle principal (métropole) *via* le mode lourd du ferroviaire, ou doit-on également en faire bénéficier les petites communes de la zone peu dense[5] ? Enfin, quels sont les poids respectifs des besoins entre pôles secondaires et petites communes ?

Même en Île-de-France, le recours à la voiture individuelle reste important, et il suffit pour s'en convaincre d'observer la dizaine d'autoroutes qui déversent tous les matins des centaines de milliers d'automobilistes. Il doit donc bien y avoir quelque part des inégalités ! En interrogeant les bases de données Insee avec notre indicateur des « navettes longues », on obtient qu'en 2018, il y avait en Île-de-France un peu moins de 2 millions de navettes longues, dont 51 % sont effectuées en voiture, et comme on pouvait s'y attendre, la grande couronne, qui

4. La ligne de car express entre Saint-Sulpice et Albi, ville de 50 000 habitants, en est un exemple.

5. Le SGPE propose de répartir l'effort à raison des deux tiers vers les modes ferrés et un tiers vers les bus et cars express, mais le chemin entre les bureaux des experts et la décision politique est semé d'embuches !

représente 44 % de la population de la région, émet 63 % des navettes longues. Comme en outre le partage modal y est moins bon, elle émet 680 000 navettes longues en voiture sur un total de 930 000 pour l'Île-de-France, soit 73 %. Bien sûr, au sein de la grande couronne, ce sont les communes de moins de 5 000 habitants qui paient le plus lourd tribut à l'absence d'alternative à la voiture individuelle. On y recense 300 000 navettes longues, dont 22 % seulement sont effectuées en transport en commun. Il existe donc une vraie fracture territoriale en Île-de-France sur ce sujet, et c'est ce qui a incité le président du conseil départemental de l'Essonne, François Durovray, à proposer une centaine de lignes de cars express. Il semblerait donc y avoir un problème d'équité territoriale dans cette région bénie des dieux que le monde entier nous envie ! Mais alors qu'en est-il des autres régions ?

Revenons à notre indicateur des « navettes longues » : notre panel de trois régions générait 2,6 millions de navettes longues, dont 310 000 à destination des quatre plus grandes villes (Lyon, Toulouse, Bordeaux et Montpellier). Ceci ne représente que 12 %, la cible des RERM est donc bien modeste[6] et laisse beaucoup d'actifs sur le bord de la route. Par exemple, que ferons-nous pour les 380 000 navetteurs longs qui ont pour destination l'une des 23 villes de 50 à 200 000 habitants de notre panel, villes et métropoles de taille moyenne qui seront exclues des projets de RERM ?

Les exclus des aires métropolitaines qui ne profiteront pas de projets de RERM seront nombreux, mais on comptera aussi beaucoup d'exclus dans les territoires bénéficiaires de ces projets, car les étoiles ferroviaires des RERM resteront inchangées

6. On pourrait objecter que la cible n'est pas les villes centres, mais les métropoles, et cela permettrait de doubler la cible, mais les TER améliorés vont-ils vraiment cibler les banlieues des grandes villes ?

en termes de nombre de branches et de gares. Comme nous l'avons vu avec notre panel de trois régions (idée reçue 2), les communes de moins de 5 000 habitants totalisent 45 % de la population du panel, et concentrent 1,6 million de navetteurs longs, soit 62 % du total. Ces petites communes sont, et resteront, statistiquement loin des gares ferroviaires. Les fractures territoriales restent énormes et il est clair que les RER métropolitains ne résorberont pas en province les fractures qu'ils n'ont pas pu résorber en Île-de-France.

Renforcer le ferroviaire avec des RER métropolitains, ce n'est donc pas proposer une alternative aux automobilistes, mais simplement améliorer l'existant. Quasiment rien ne changera pour les petites communes éloignées des gares. Les inégalités territoriales seront renforcées, toujours dans le même sens : des métropoles toujours mieux équipées dans la compétition territoriale, et des zones diffuses toujours plus reléguées. Ce sont pourtant celles où habitent notamment les « petites mains » essentielles au fonctionnement des métropoles. Le mode ferroviaire n'est pas conçu pour ruisseler en profondeur dans les territoires, les branches de l'étoile ne peuvent se subdiviser à l'infini, le réseau ne pourra jamais ressembler à la silhouette fractale d'un flocon de neige : il doit accepter de coexister avec la route, ce qui ne signifie pas avec la voiture individuelle (voir idée reçue 10) !

IDÉE REÇUE 22

« Dans les villes multimillionnaires, le ferroviaire est indispensable »

L'image de la gare Saint-Lazare telle que peinte par Monet nous hante : la grande ville reste liée aux vastes halls de gare remplis de fumée. Le ferroviaire est effectivement la technique providentielle capable de relier des villes tentaculaires qui naissent au XIXe siècle. Que serait une grande ville sans gare ferroviaire ? Une rose sans parfum. Les capitales européennes ne se sont-elles pas toutes développées autour d'un puissant système de transports en commun ferroviaires pour les longues distances ? C'était l'internet de l'époque, avec l'intensité capitalistique et l'aura futuriste.

Ce constat équivaut-il néanmoins à une loi, qui voudrait qu'au-delà d'une certaine taille, les villes ne puissent se passer de la puissance et de la capacité du ferroviaire pour les déplacements du quotidien, et que qui peut le plus, peut le moins ? Certainement pas, et la preuve passe par les deux Amériques.

En Amérique du Nord, la ville s'est massivement construite autour de la voiture individuelle, à laquelle s'est ajouté seulement plus tard, dans certaines villes, le métro. En Amérique du Sud, les choses vont plus loin : de nombreuses villes de plusieurs millions d'habitants ont choisi d'assurer les déplacements du quotidien non pas au moyen d'un réseau ferré, mais grâce à un réseau d'autocars (Bus Rapid Transit ou BRT, ou encore en bon français « bus à haut niveau de service », BHNS). C'est à la fin des années 1960 que de grandes agglomérations sud-américaines ont fait le choix de ce mode de transport, et c'est à Curitiba, grande ville du Brésil, et à son maire Jaime Lerner que l'on doit « l'invention » du BRT, soit un véritable « métro de surface » avec des bus de grande capacité et de grand confort, des gares abritées et des trottoirs surélevés, disposant de voies réservées et roulant à une vitesse commerciale élevée. Plus avantageux sur le plan des coûts et des délais, le BRT « combine la qualité du rail et la flexibilité de l'autobus[1] ». Il diffère du car express car il cible les déplacements de proximité dans le centre congestionné. Il a donc d'emblée besoin de voies réservées, contrairement aux lignes de cars express qui circulent en périphérie (voir idée reçue 37).

À l'échelle mondiale, cette solution a connu un fort engouement entre 1995 et 2015. Actuellement, près de 180 villes possèdent un réseau de type BRT, et une centaine de projets sont à l'étude. Outre Curitiba, deux villes sont emblématiques de la réussite d'un tel modèle : Bogota et Séoul. La première, qui abrite 8 millions d'habitants sur 1 775 km^2, a mis en place un système de BRT et une centaine de lignes de bus périphériques en rabattement. Ce modèle, qui ne comporte pas de métro, transporte 3 millions de passagers par jour, et la société française Transdev y exploite même une flotte de 406 autocars électriques. Séoul, capitale de la Corée du Sud avec 10 millions d'habitants et 25 millions pour l'agglomération, possède un des réseaux de métro les plus étendus du monde. Néanmoins, la fréquentation des transports en commun ne cessait de baisser

1. Rapport VREF, UITP et BRT+ COE, « Transformer les villes avec les systèmes de Bus Rapid Transit (BRT) », mai 2019. https://cms.uitp.org/wp/wp-content/uploads/2020/07/Report-UITP-FR-final-web-July pdf

dans les années 1980-1990. Pour y remédier, la ville a complété son offre par un réseau de BRT et ainsi réussi à réduire la part modale de la voiture.

Aucun modèle ne peut s'imposer absolument. Tout dépend de l'histoire, des finances et de la forme de la ville, notamment de son relief. Dans les années 1960, les transports dans les villes d'Amérique du Sud reposaient largement sur un modèle informel de transport artisanal, ces villes étant dans une phase d'expansion et de transformation rapide, quelque peu anarchique. Dans ce contexte, le BRT a été un « substitut des infrastructures ferroviaires lorsque les fonds publics sont restreints[2] » : plutôt que d'en créer de nouvelles, il a suffi de changer l'usage des infrastructures routières, en réservant trois à cinq voies sur les grands axes au cœur des villes, pour y implanter des sites propres bidirectionnels et des chapelets de stations. Les délais sont serrés, les coûts sont maîtrisés, avec certes l'inconvénient de créer des discontinuités dans le tissu urbain et de générer bruits et pollution.

Concernant les lignes de cars express, le problème se pose différemment. Ces lignes ciblent les déplacements du quotidien longs à l'échelle de l'aire métropolitaine. Elles comportent donc une part importante de leur tracé sur les voies rapides. Si la ville offre un réseau comme le métro, les cars express conduisent aux stations terminales des lignes de métro, avec des besoins limités de voies réservées. C'est bien ce qui a été testé en France (A10 et A14) et développé à grande échelle dans l'agglomération madrilène.

Concernant les capacités, une voie rapide peut assurer un transport de masse tout à fait comparable à une ligne de RER (voir idée reçue 23). Nous n'avons tout simplement pas su ou voulu le réaliser, alors que les BRT confirment ce potentiel

2. *Ibid.*

d'optimisation. Une ville multimillionnaire sans transports en commun ferroviaires du quotidien est possible, une ville qui cumulerait le modèle parisien que nous connaissons et le modèle des cars express aurait beaucoup d'atouts.

IDÉE REÇUE 23

« Le RER A, c'est l'équivalent de 40 voies d'autoroute »

Le RER A est une des lignes les plus fréquentées d'Europe, avec plus d'un million de voyageurs par jour. Ses rames de 2600 places, dont 956 assises, roulent d'est en ouest sur 109 km. En prenant la cadence en heure de pointe d'une rame toutes les 2 min, on transporte 78000 passagers par heure. C'est effectivement environ quarante fois le débit d'une voie d'autoroute en heure de pointe, avec une moyenne de 1,1 passager par voiture. CQFD : seul le ferroviaire est de taille à affronter les trajets pendulaires aux abords des grandes métropoles ! L'« intensité d'usage » (voir idée reçue 20) de la ligne de RER A serait donc quarante fois plus efficace que celle d'une voie d'autoroute, et à moins de construire une autoroute à deux fois vingt voies en pleine agglomération parisienne, la route serait fondamentalement inapte, source de pollutions en tous genres et d'engorgements.

C'est toutefois aller un peu vite en besogne. Reprenons les données telles que fournies par l'Agence de régulation des transports (ART) pour l'année 2019 : sur le RER A, les trains ont parcouru 10,2 millions de kilomètres et ils ont assuré un service de 4,5 milliards de passagers-kilomètres pour une ligne de 109 km. Les intensités kilométriques journalières (trafic moyen en trains et en passagers par kilomètre de ligne) permettent de mesurer le « taux d'usage » de la ligne, et elles sont donc de 257 trains et 114 000 passagers par jour et pour le total des deux sens.

Qu'en est-il du champion des voies rapides ? Le boulevard périphérique parisien a une intensité kilométrique moyenne de 80 000 véhicules par jour, soit 120 000 voyageurs par jour avec quatre voies par sens. Ramené à une voie par sens il assure donc un service de 30 000 voyageurs par jour, soit seulement quatre fois moins que le RER. D'où vient donc ce multiplicateur étrange de quarante fois ? De ce que, comme souvent, un des termes de la comparaison est faussé. Les RER pleins se succédant toutes les 2 min dans chaque sens sont une situation idéale. La réalité du service rendu est en moyenne de 257 trains par jour (dans les deux sens), soit cinq par heure et par sens, sans compter un taux d'occupation moyen de 43 %. Cette moyenne est due aux bouts de ligne, très peu fréquentés, et aux heures creuses.

Le fossé entre la route et le ferroviaire pour les déplacements du quotidien n'est donc pas si profond. Ceci ne doit pas nous empêcher de questionner l'utilisation de ces actifs immobiles colossaux sur lesquels reposent nos mobilités. Les réseaux routiers ont demandé des centaines de milliards d'euros d'investissement, en exigent des dizaines en entretien et modernisation (voir idée reçue 20). Ces actifs doivent être mieux utilisés, en nous inspirant précisément du RER ou du métro, systèmes qui ont la vertu d'être utilisés au maximum de leurs capacités (et même au-delà !) durant les heures de pointe, sur le tronçon central. Les wagons sont pleins et les fréquences maximales, en supposant que ne survienne aucun accident ni incident.

En face, nous n'avons pas su optimiser le potentiel de capacité des voies rapides dans les grandes agglomérations. Supposons par exemple un trafic de 1 800 voitures par heure : la circulation reste fluide, une voiture passe toutes les deux secondes. Si les voitures roulent à 72 km/h, soit 20 m par seconde, on obtient une voiture tous les 40 m, soit 25 voitures par kilomètre et donc un débit de 72 × 25 = 1 800 véhicules par heure. Sachant qu'en heure de pointe, le taux de remplissage est d'environ 1,1 passager, ce sont ainsi 2 000 personnes par heure qui sont transportées. Ajoutons deux covoitureurs par voiture, on parvient à un débit de 5 400 personnes à l'heure : c'est un premier objectif d'optimisation, qui a incité les États-Unis ou le Canada à créer des milliers de kilomètres de voies réservées au covoiturage.

Remplaçons maintenant toutes les voitures par des cars roulant également à 72 km/h. Avec 45 personnes par autocar et sur une seule file, miracle, on transporte 1 800 × 45 = 81 000 voyageurs à l'heure, soit légèrement plus que le RER A en heure de pointe et dans un fonctionnement sans faille !

Sans prétendre systématiquement égaler le ferroviaire, on voit bien que la capacité routière est bien plus importante qu'on ne l'imagine, et surtout qu'elle est totalement ignorée en France (voir idées reçues 5 et 29). Et pourtant, ce ne sont pas les exemples qui manquent ! Le système de lignes de cars de la région madrilène comporte une voie réservée sur une seule autoroute. En heure de pointe, elle transporte 8 000 personnes par heure avec 200 autocars, et il lui reste encore une marge de progression importante. Le même système existe à Istanbul, ou encore en Amérique du Sud et à Séoul avec les bus à haut niveau de service (Bus Rapid Transit, BRT en anglais) (voir idée reçue 22).

À quoi peut être due la résistance obstinée de la France ? Prenons un cas d'espèce, celui d'une voie réservée aux autocars, créée par le département de l'Isère en 2007 sur l'autoroute A48[1]. Ce sont les craintes concernant la sécurité du dispositif

1. « Voies réservées sur autoroutes et voies rapides urbaines : benchmark comparatif entre cas espagnols, anglais et français », Institut Paris Région, février 2022.

et l'absence de précédent qui ont conduit les pouvoirs publics à brider ce modèle, pourtant courant dans le monde depuis les années 1970, notamment en Californie. Dans l'Isère, la voie réservée a d'abord mesuré un peu plus de 4 km, sous forme d'une ouverture de la bande d'arrêt d'urgence aux bus dès lors que la vitesse de circulation tombe en dessous de 50 km/h. Pour des raisons de sécurité, « les bus doivent rouler à 50 km/h au maximum, et 30 km/h lorsque la circulation est à l'arrêt sur les voies classiques (différentiel maximal de 30 km/h à respecter par les conducteurs) ».

En 2014, sept ans plus tard, la voie réservée est prolongée de 5 km, elle devient la première expérience de voie réservée sur le réseau autoroutier concédé français, mais seulement aux heures de pointe… Il n'est jamais trop tard pour bien faire ! En 2020, elle devient une voie réservée aux transports collectifs (VRTC) en permanence, tandis que la voie de gauche est transformée en « voie réservée au covoiturage et à certaines catégories de véhicules » (VR2+). Le nombre maximum de bus autorisés par heure passe de 30 à 100, autant dire que la règlementation impose que cette voie reste « pleine de vide », ce qui n'a pas empêché de créer une nouvelle voie VR2+ pleine de vide (voir idée reçue 20) mais on bataille encore pour augmenter la vitesse des bus…

De nouvelles tentatives sont en cours près de Lyon, Nantes, Mérignac, Lille, et il serait temps que la France rattrape son retard, mais n'oublions pas que le modèle du car express peut être mis en service avant la réalisation des voies réservées (voir idée reçue 37).

IDÉE REÇUE 24

« Il faut redynamiser les petites lignes ! »

Ah, le petit tortillard qui vous emmène dans la montagne, la petite gare avec son chef à képi qui siffle, le buffet et son jambon-beurre, la salle d'attente et ses bancs en bois lustré, sans parler de l'indicateur des chemins de fer fièrement placardé sur le mur, à côté d'une publicité PLM pour la Riviera ! Que n'entend-on pas les voyageurs se plaindre que telle petite ligne n'existe plus ou qu'il n'y passe plus qu'un train par jour, que ses rails sont envahis par la végétation, que la belle petite gare a été vendue, bref que le train a été abandonné pour la « bagnole », qui plus est au détriment des campagnes et de la ruralité profonde !

La nostalgie a ses raisons que la raison ignore… Le train, en France et sans doute ailleurs, est une passion collective. Je veux y voir, pour une grande partie de la population, la force d'une première expérience de la vitesse, de l'évasion, des vacances : pensons aux premiers congés payés de 1936, où des dizaines de milliers d'ouvriers et de paysans prirent le train pour découvrir la mer ! C'est aussi un grand roman national, comme l'école pour tous, la langue française ou La Poste : un facteur d'unification du pays, un moyen de mobiliser les troupes, un outil essentiel pour l'industrie et le transport des marchandises lourdes, un relais de croissance économique, un grisant défi technologique. Tous ces attachements expliquent le sentiment de deuil que l'inconscient collectif peut ressentir à l'annonce d'une fermeture de gare ou de ligne.

On retrouve des traces de cette nostalgie jusque dans l'appel publié en octobre 2022 par les présidents de 15 régions françaises. En invoquant un « New Deal » ferroviaire, ils écrivaient ainsi : « La France disposait sans doute du réseau ferré le plus dense d'Europe. Il répond à tous les enjeux actuels : la fin des énergies fossiles, le pouvoir d'achat, le développement économique, l'innovation industrielle, la protection de l'environnement. Nous devons donc provoquer le choc d'une offre ferroviaire. Parce que le ferroviaire, c'est le réseau public qui relie les femmes, les hommes et les territoires. Le train répond concrètement aux préoccupations de mobilité du quotidien, de pouvoir d'achat et de vie dans nos villes comme dans nos campagnes. » Pour conclure : « Le ferroviaire, c'est le développement économique. L'histoire démontre que la croissance a toujours été précédée par des investissements importants dans les transports ». À les entendre, le train est donc la solution à tous les enjeux du transport : mobilités quotidiennes, urbaines, rurales. Il est toujours le plus adapté, le plus économique, le plus écologique. Il est le parfait synonyme du transport de personnes, et à les lire, il faudrait donc rouvrir toutes les lignes existantes.

Mais au-delà des intuitions, qu'en est-il dans le réel ? Un audit dit « de l'EPFL » (École polytechnique fédérale de Lausanne) sur l'état du réseau ferré national français[1] commandé en 2005 par la SNCF et RFF, en marge d'un constat sur l'état préoccupant de nos infrastructures, alertait sur la sous-fréquentation des lignes. Sur les 29 500 km de lignes en service, 1 500 sont à grande vitesse (TGV), 14 400 sont des lignes classiques, enfin pas moins de 13 600 km sont des lignes faiblement chargées, dont 4 300 ne sont empruntées que par du trafic de fret. Au

1. Signé par Robert Rivier et Yves Putallaz.

final, sur 46 % du réseau en activité ne circulent que… 6 % des « tonnes-kilomètres brutes remorquées[2] » ! La conclusion s'impose : « Parmi les réseaux européens comparés, seul le réseau ferré national français compte une telle proportion de lignes à faible trafic. Il y a lieu de s'interroger sur la pertinence du maintien d'un trafic très faible sur un système conçu pour le transport de masse. » En d'autres termes, non seulement il reste bien plus de petites lignes que la nostalgie n'est portée à le croire, mais elles sont à peine utilisées…

Revenons en arrière : le réseau de chemin de fer a été conçu très majoritairement dans la deuxième moitié du XIXe siècle, à une époque où ni la voiture individuelle ni le poids lourd n'existaient, de même que les autoroutes, qui ne se sont développées chez nous que dans les années 1950. Le train n'est alors pas un mode de transport parmi d'autres, il est l'unique façon de déplacer marchandises et personnes en grandes quantités sur tout le territoire. Il n'est guère étonnant que chaque bourgade ait alors souhaité, et souvent obtenu son arrêt et sa gare… Depuis, le transport routier et autoroutier a explosé, et il est fort logique que le train ne soit plus le moyen de transport le plus pertinent pour se rendre dans les endroits les plus reculés de notre pays. Ce qui ne signifie pas abandonner le terrain à la voiture individuelle !

Penchons-nous sur le cas des trains express régionaux (TER), tels qu'ils sont examinés dans un rapport de la Cour des comptes de 2009[3]. Les rédacteurs écrivaient à l'époque : « La pertinence d'un mode de déplacement de masse pour des lignes situées en zone rurale, supportant un trafic de moins de 10 trains de

2. TKBR, unité de comptage du trafic, marchandises et voyageurs confondus, qui consiste à calculer les kilomètres parcourus par le poids en tonnes de la partie remorquée des trains.
3. Cour des comptes, *op. cit.*

voyageurs par jour (7 818 km soit 27 % du total du réseau ferroviaire français) n'est avérée ni sur le plan financier, ni sur le plan environnemental. » Par ailleurs, « il paraît important de décourager l'usage du train dans les zones où il est à la fois financièrement et écologiquement beaucoup plus coûteux que l'exploitation des TER en mode routier[4] ».

Écologiquement ? Selon un rapport de 2018[5], près de 20 % des circulations ferroviaires sont réalisées au diesel, principalement des petites lignes (8 636 km sur 9 137 km des plus petites lignes ne sont pas électrifiées). Un TER dit « thermique » pollue ainsi neuf fois plus qu'un TER électrique. Au-delà des émissions de CO_2, le respect de la sobriété matérielle impose une proportionnalité des moyens mis en œuvre (voir idée reçue 20).

Financièrement, l'essentiel a été dit dans le fameux rapport Spinetta sur l'avenir du transport ferroviaire, remis au Premier ministre en 2018. Les lignes TER rendent des services très inégaux : on peut compter jusqu'à 160 trains par jour sur certaines lignes d'Île-de-France (réseau Transilien), et à peine 13 trains sur des lignes de desserte fine. Dans l'ensemble, 90 % des voyageurs-kilomètres se concentrent sur un tiers du réseau, tandis que 45 % du réseau actif ne représente que 2 % des voyageurs-kilomètres ! Sur les 200 lignes les moins fréquentées, on compte moins de 30 voyageurs par train. Tout ceci a un coût : les régions consacrent près de 16 % de leur budget aux TER (chiffres 2013), et les petites lignes reviennent à 1,7 milliard d'euros par an, soit 1 € de dépense publique par kilomètre parcouru par un voyageur sur ces lignes. Est-ce raisonnable et soutenable tant sur le plan économique que sur le plan environnemental ?

4. Désigne l'utilisation d'autocars.
5. B. Simian, député de la Gironde, rapport parlementaire consacré au verdissement du parc ferroviaire, 2018.

C'est pourquoi la Cour des comptes, dans son rapport de 2019, invite chaque région à « réaliser une analyse sociale, économique et environnementale de chaque ligne peu fréquentée », pour « choisir entre les options suivantes : développer la ligne, la maintenir en la gérant de façon plus économique, l'organiser avec un autre mode de transport ou la supprimer ». Les auteurs du rapport n'invitent donc pas à rayer d'un trait de plume les lignes concernées, ils font le simple constat d'un surdimensionnement et d'une dispersion de l'offre par rapport à la demande. Cette demande peut également être affaiblie par la médiocrité du service rendu (horaires, fréquence, confort, ponctualité…). Il suffirait donc de changer l'offre pour non seulement redresser une équation économique et écologique négative, mais pour attirer de nouveaux voyageurs, qui délaisseraient leur véhicule individuel. Le transport collectif routier est alors une option bien plus adaptée, souple et rentable : avec des taxis, des minibus ou des autocars circulant sur les routes, voire sur l'ancienne voie de chemin de fer bitumée. Il ne s'agit pas que de rentabilité et d'écologie, il en va également de l'équité territoriale (voir idée reçue 2).

Certes, la responsabilité de la voiture individuelle est grande dans la croissance des villes, l'étalement urbain et l'habitat urbain, qui font que le bassin de vie n'est plus autour des gares. Elle a clairement dispersé l'offre et la demande de transports. Mais la route est une solution aux problèmes qu'a causés la voiture, elle est donc à la fois poison et remède, pour peu qu'on en fasse un nouvel usage.

Sobriété, équité, efficience : tout devrait nous conduire à relativiser la place qu'occupe le train dans notre pays et dans notre imaginaire. Le train est parfait pour relier les villes entre elles, pour irriguer et délester les centres urbains, certainement pas pour des déplacements en zones diffuses, où il ne pourra jamais rivaliser avec la densité et l'exhaustivité géographique de la route. Il montre des limites évidentes pour réduire le quasi-monopole de la voiture individuelle dans les déplacements longs du quotidien, les plus coûteux pour l'usager et pour la planète. Comme le rappelle Jean-Pierre Orfeuil, les dépenses publiques pour le rail ont augmenté de 39 % en monnaie constante de 2007 à 2019 (pour une croissance du PIB de 13 %). Dans le même temps, la part de marché du transport ferroviaire a augmenté de… 0,3 % pour les voyageurs et baissé de 1,7 % pour le fret ! Pour les alternatives à la route, on repassera ! Mais cela n'empêche pas l'actuel président de la SNCF de demander 100 milliards supplémentaires (après reprise de dette de 35 milliards) pour investir dans le transport ferroviaire, à ses yeux seul moyen d'atteindre la neutralité carbone.

Alors oui, rouvrons les petites lignes, pour amuser les touristes ou tourner des séries, pas pour répondre aux besoins des voyageurs de 2023 !

IDÉE REÇUE 25

« Dans le ferroviaire, la France est en retard sur ses voisins européens »

Les pays germaniques sont souvent parés de vertus citoyennes et écologiques bien supérieures aux nôtres, peuples latins individualistes et désordonnés… Le train ne fait pas exception : les Suisses prendraient bien plus les chemins de fer que les Français, le train reviendrait bien moins cher en Allemagne (d'où sans doute le passe rail à 49 €…), enfin l'âge moyen du réseau ferroviaire serait de 30 ans en France, contre 15 en Allemagne. Nous serions donc mauvais sur l'investissement, sur la maintenance, sur les coûts d'exploitation, sur la qualité du service et sur les prix des billets…

Certaines de ces critiques ne sont pas sans fondements, mais il est un critère global d'évaluation trop souvent passé sous silence, c'est celui du partage modal, qui traduit tout simplement les arbitrages que font les usagers, indépendamment des prix ou de la qualité du service. Les statistiques dans les 28 pays de l'Union européenne publiées par Eurostat montrent qu'avec un peu plus de 10 % de part modale du train en 2019, les Français se situent honorablement au-dessus de la moyenne de 8 %. La France est même en troisième position, derrière les 12 % de l'Autriche, pays montagneux donc favorable aux transports lourds, et les 11,2 % des Pays-Bas, pays quatre fois plus dense que la France. L'hexagone,

« plat pays » peu dense, est malgré tout un champion européen du ferroviaire et ceci reflète notamment le succès du TGV.

Il y a pourtant un bémol : pourquoi cette bonne place du train ne se traduit-elle pas, mécaniquement, par une part modale de la voiture plus faible que la moyenne européenne, car avec nos 82 % nous sommes seulement dans la moyenne ? Ce mystère est vite éclairci : la France est en queue de peloton (25e !) en matière de part modale des bus et cars, avec 6,2 %. L'Autriche, bien que championne du rail, est nettement devant avec 9,4 %. Ce constat n'est pas nouveau. En 2013 déjà, la Cour des comptes relevait que « la vision française des transports est trop orientée vers le rail et pas assez vers la route », tout en précisant que « l'orientation accordant une priorité systématique aux transports guidés est d'autant plus étonnante que la France n'accuse aucun retard, au regard de l'UE 27, dans les domaines du ferroviaire et des transports en commun sur site propre (TCSP)[1] ».

On ne peut donc considérer que la France soit en retard en termes d'usage des modes ferroviaires, malgré une densité d'habitants et une géographie peu favorables à la massification[2], à moins de s'inventer un retard en se fixant des objectifs irréels et de favoriser le train pour le train, comme d'autres prônent l'art pour l'art. Notre pays est par contre très en retard en matière d'usage des modes collectifs routiers. N'en déduisons pas qu'il ne faille pas investir et innover dans le domaine ferroviaire ! Mais retenons que nous avons un actif dormant, un potentiel particulièrement important de report modal vers les modes collectifs routiers, qui reste un angle mort de nos politiques publiques.

---

1. Cour des comptes, « La mise en œuvre par la France du Paquet énergie-climat », *op. cit.*
2. L'urbanisation et les infrastructures de transport des pays montagneux, comme la Suisse ou l'Autriche, se concentrent naturellement dans les vallées, ce qui favorise la massification des flux, et donc les modes lourds.

Or dans ce domaine, le meilleur terme de comparaison n'est pas européen, mais latino-américain. De nombreuses villes de ce sous-continent ont misé sur la route pour rattraper leur retard en matière de transports publics, avec des coûts et des délais réduits. Il s'agit des nombreux réseaux de Bus Rapid Transit (voir idée reçue 22), qui expliquent que des métropoles comme Bogota ou Santiago du Chili ont un partage modal entre voiture et transports publics bien meilleur que les mégapoles européennes[3]. Bien sûr, Paris n'est pas Bogota, et il n'est pas question de remplacer nos systèmes de métro ou de RER par les immenses coupures urbaines du BRT colombien, mais un autre modèle, le madrilène (voir idée reçue 10), conjugue la nécessité de préserver le cadre de la ville-centre et l'intérêt des lignes d'autocar en grande couronne. Lorsqu'on examine de plus près le modèle madrilène d'organisation des transports pour les déplacements du quotidien longs, on constate que l'autre facteur clé du succès de ce modèle est qu'il adopte résolument une approche « système de transports », une approche multimodale qui favorise l'intermodalité. Une analyse comparative sur la qualité de la desserte en transports publics réguliers depuis les zones rurales en France, en Espagne et en Allemagne met en évidence pour les déplacements de moins de 50 km des temps de parcours et de correspondances particulièrement élevés en France, signe selon Alain Sauvant[4] de correspondances mal organisées. Notre pays aurait donc produit un système qui peut sembler rationnel si l'on considère isolément ses composantes (TC ferroviaires et TC routiers), mais qui est néanmoins désordonné dans son ensemble.

Il faut donc examiner les avantages de ces modèles, car ils peuvent irriguer en profondeur les périphéries lointaines. À

3. Rapport VREF, UITP et BRT+ COE, *op. cit.*
4. Directeur de l'Autorité de la qualité de service dans les transports (AQST).

l'heure où la sobriété frappe à la porte, il serait aberrant de jouer la carte du ferroviaire ou rien.

Rappelons (voir idée reçue 3) que les DQL sont l'angle mort de nos politiques publiques. Les exemples abondent et mériteraient d'être l'objet de recherches et d'évaluations ex-post. Les villes d'Amérique du sud, Madrid, Los Angeles et ses voies réservées, Singapour, Grenoble et le département de l'Isère, tous ces territoires ont expérimenté une diversité d'écosystèmes d'organisation des transports, et il nous appartient d'en retenir tout ce qui peut être transposé, adapté, à nos formes urbaines et à notre histoire. Citons ainsi les *buurtbus*[5] ou minibus de quartier néerlandais, créés dans les années 1970 : il s'agit de véhicules associatifs conduits par des bénévoles formés et assurés, dont les itinéraires et les horaires varient en fonction des jours et de la demande. Il en existe près de 250 lignes aux Pays-Bas, et depuis 2021 une ligne française, sur le territoire du Libournais.

De la même manière, le transport informel en Afrique va probablement s'approprier les promesses du digital pour produire une véritable approche multimodale et intermodale de nos mobilités, en inventant une « logistique de la mobilité des personnes » à l'instar de ce qui se pratique pour le transport de marchandises. Car pourquoi ce qui est possible pour les marchandises ne le serait-il pas pour les transports de voyageurs, en adaptant bien évidemment les conditions de transport ? Ce serait par nature un modèle extrêmement sobre en matières premières et en fonds publics, qui devrait nous aider à sortir de nos schémas et idées reçues.

5. T. Mallet, *Voyage au cœur de la mobilité*, Le Cherche Midi, 2022.

PARTIE 4

La voiture individuelle : totem et tabou des nouvelles mobilités

HO! SUPERMAN!
NON : SUPER-VOITURE-ÉLECTRIQUE-ÉCOLO-PRATIQUE-ET-PAS-CHER-POUR-TOUS!
GABS.

IDÉE REÇUE 26

« La voiture électrique est écologique et va résoudre tous les problèmes »

(Il est conseillé de lire auparavant l'idée reçue 7.)

La voiture électrique sera le seul type de véhicule neuf autorisé à la vente en Europe en 2035. Miracle, elle est silencieuse et ne rejette pas de gaz d'échappement à son passage ! L'essentiel des nuisances de la voiture ne seront plus qu'un souvenir ! Les villes bruyantes et polluées deviendront des havres de paix et la pollution de l'air ne tuera plus chaque année des milliers d'innocents. Nous pourrons continuer à nous déplacer dans ces gigantesques SUV dont les constructeurs automobiles ont fait un nouveau standard. En raison des batteries, ils pèseront bien plus lourd que leurs prédécesseurs thermiques, mais c'est le prix du progrès, et les batteries s'allègeront peu à peu !

Cette logique de pure substitution du thermique par l'électrique, toutes choses égales par ailleurs, a beau être le souhait de maints dirigeants économiques ou politiques, elle pose des difficultés qu'il est bon de garder à l'esprit. En réalité, elle est moins une révolution qu'une évolution dans un large continuum technologique, dont les véhicules hybrides sont actuellement une illustration. Les carburants n'ont pas dit leur dernier mot : les carburants dits de synthèse sont le principal argument des constructeurs allemands pour contester l'avènement du tout-électrique, tandis que l'hydrogène fait déjà rouler des modèles construits par BMW, Toyota ou Hyundai. Rien ne dit non plus que le véhicule électrique avec de lourdes batteries soit l'unique horizon de la mobilité. Des chercheurs travaillent déjà à des routes électriques (avec une alimentation par caténaires comme le train, ou au sol comme certaines lignes de tramways), où la batterie n'a qu'un rôle d'appoint. Depuis ses débuts à la fin du XIXe siècle, où le clivage thermique/électrique existait déjà, peu de secteurs sont aussi innovants que l'automobile.

Quelles sont donc les limites de la voiture électrique ? Certes, une telle voiture utilisée en France et produite en Chine a un cycle de vie dont l'impact carbone (voir idée reçue 7) est trois fois meilleur qu'un véhicule thermique (et cinq fois meilleur si elle était produite en France). Elle évite la pollution locale de l'air (oxydes d'azote, monoxyde de carbone), mais son bilan global en la matière dépend entièrement de l'origine de l'électricité qu'elle consomme. Dans un pays comme la France, qui ne recourt quasiment pas aux énergies fossiles pour la production de son électricité, une voiture électrique roule de fait au nucléaire, au solaire, à l'éolien ou à l'hydroélectrique. En Chine, en Inde, en Pologne ou aux États-Unis, c'est une tout autre histoire, car le mix électrique est fortement carboné. La vertu de la voiture électrique dépend donc de l'origine de l'électricité consommée. Or en 2022, 53 % de la production électrique mondiale restaient tirés du gaz et du charbon[1], même si les renouvelables progressent rapidement et que dans une décennie, la Chine ne roulera probablement plus au charbon, mais au nucléaire.

L'autre problème de taille est le réseau d'alimentation électrique. Pour remplacer progressivement les stations-services, il faut les faire basculer progressivement vers l'électrique à recharge

1. « Global Electricity Global Insights », Ember, 2022.

rapide. Si en France, on a récemment dépassé le cap des 100 000 bornes de recharges publiques, il faut garder à l'esprit que l'électricité étant présente dans chaque foyer, la recharge à domicile est actuellement et restera très majoritaire (prise rapide ou prise standard) pour les courts trajets. Mais la confiance dans la motorisation électrique dépendra des réseaux de recharge pour effectuer de longues distances.

Autre défi majeur, le problème de la disponibilité des ressources est crucial. Selon l'Agence internationale de l'énergie[2], l'électrification massive du parc automobile a déjà généré de très fortes tensions sur le marché des métaux rares (lithium, nickel, cobalt, manganèse, graphite), puisque la demande a doublé au cours des cinq dernières années. Ces métaux ne sont pas seulement nécessaires aux batteries des véhicules électriques, mais aussi à leur électronique toujours plus poussée, aux éoliennes, aux panneaux photovoltaïques et aux réseaux électriques qui vont proliférer. Ces métaux, ainsi que la capacité de les traiter, sont concentrés dans quelques régions du monde (Chine, Amérique du Sud, Indonésie…), posant la question de la dépendance économique et stratégique des pays occidentaux ainsi que celle de l'empreinte écologique et sociale de cette extraction toujours plus massive.

Le « technosolutionnisme » ne suffit donc pas. Le réel bénéfice de la voiture électrique dépendra du type de véhicules construits, du type d'électricité consommée, mais aussi du cycle de vie global de la voiture et d'usages mutualisés. Hors batterie, un véhicule électrique conserve une empreinte matérielle importante (acier, caoutchouc, électronique, plastique), qui exclut une fabrication aussi massive que dans l'âge d'or de l'automobile. De même, l'espace urbain occupé par la voiture ne change pas selon la motorisation. Le véhicule électrique doit être l'occasion

2. « Critical Minerals Market Review 2023 », AIE, juillet 2023.

de repenser de fond en comble notre usage de la voiture, en privilégiant l'usage sur la propriété, en mutualisant les trajets, sans quoi l'effet rebond nous rattrapera, en troquant une pollution contre une autre. Les embouteillages seront devenus certes plus silencieux, mais toujours plus longs, dans une atmosphère terrestre toujours plus chaude et des écosystèmes toujours plus surexploités.

Enfin, le basculement rapide vers l'électrique dépendra aussi des politiques de soutien des pouvoirs publics, comme le montre le cas de la Norvège : dans ce pays, depuis la fin des années 1990, le véhicule électrique a bénéficié d'un écosystème exceptionnel, qui explique qu'aujourd'hui près de 90 % des voitures neuves vendues sont électriques ! Exemption de TVA et de taxe d'immatriculation, stationnement et péages gratuits, accès aux couloirs de bus, soutien aux bornes de recharge, tout a été fait pour rendre le véhicule électrique plus avantageux[3]. Il ne suffit pas d'innover technologiquement, il faut innover socialement ! De ce point de vue, les pays émergents, avec leur inventivité et leur vitalité, vont sans doute nous surprendre par des solutions inattendues dont nous pourrons nous inspirer.

3. https://forumviesmobiles.org/points-de-vue/15882/le-point-de-bascule-sociale-levier-de-la-transition-le-cas-de-la-voiture-electrique

IDÉE REÇUE 27

« Nos routes sont les meilleures du monde ! »

Le coq gaulois n'est jamais avare de compliments sur lui-même, et quand ses pattes sont posées sur le volant de sa voiture, il ne peut s'empêcher d'admirer le réseau de routes goudronnées qui l'emmène d'un point à un autre de la France. Nos réseaux routier et autoroutier, avec un total de plus d'un million de kilomètres, sont les plus longs et les plus denses d'Europe. Et nos infrastructures routières se hissaient en 2012 à la première place du classement du Forum économique mondial. Cocorico !

De quoi délaisser la route, lui trouver maintes « alternatives » au profit du ferroviaire ? Rassurons-nous, le mal est fait, puisqu'en 2019, la France chutait à la 18e place du même classement… Dès 2017, un rapport du Sénat avait sonné l'alarme : intitulé « Infrastructures routières et autoroutières : un réseau en danger », il dénonçait la diminution préoccupante des crédits d'entretien de la route. Comme pour de nombreuses lignes de train, ces dégradations entraînent des mesures de restriction de la circulation ou de limitation de vitesse. En 2018, les rapports d'audit réalisés par deux cabinets indépendants pour le réseau national non concédé confirmaient ce constat, insistant notamment sur le mauvais état général des ouvrages d'art comme les ponts. Cette « dette grise » représente le coût accumulé du défaut de maintenance des infrastructures. À court terme, économiser sur ce poste semble indolore et permet de parer au plus urgent. À long terme, le calcul est catastrophique, car les infrastructures s'endommagent gravement, mettant en danger les usagers, comme l'a montré l'effondrement du pont italien de Gênes, en 2018, faisant 43 morts.

Rappelons encore une fois que 87 % des déplacements s'effectuent par la route. Sauf à s'aveugler sur le réel, il est donc normal qu'une proportion comparable des investissements publics soient consacrés à la route, ce n'est pas un traitement de faveur ou un parti pris idéologique. L'audit indépendant cité plus haut estime qu'il faudrait investir 1,3 milliard d'euros par an jusqu'en 2037 pour maintenir un simple *statu quo*. Faute d'un entretien suffisant, à cette date 62 % des chaussées seraient très dégradées et 6 % des ponts seraient déclarés hors service. Une réaction politique s'est exprimée au travers de la loi d'orientation des mobilités de 2019 et d'un plan de sauvegarde des routes, qui prévoient une augmentation des crédits pour l'entretien et la modernisation du réseau non concédé.

Au-delà du simple entretien d'un actif essentiel, s'impose la question de sa modernisation, ou plutôt de son adaptation au changement climatique. Toutes les infrastructures ont été conçues pour résister à des événements qui étaient jugés extrêmes au siècle dernier, mais qui ne le sont plus aujourd'hui. On a par exemple dimensionné des ponts pour des crues centennales, mais tout indique que ces dernières décennies de telles crues deviennent plus fréquentes.

Pareillement, si nous voulons que les ventes de véhicules électriques dépassent le plafond de verre de la deuxième voiture, il nous faut remplacer les aires de service traditionnelles sur autoroute par de grands centres de recharge rapide, susceptibles d'accueillir beaucoup plus de véhicules et de les alimenter avec des lignes électriques à haute puissance (selon une étude Enedis-RTE[1], il faudrait sur les plus grandes aires de service

1. Enedis-RTE, « Les besoins électriques de la mobilité longue distance sur autoroute », juillet 2021.

une centaine de points de charge de 200 kW chacun, soit une puissance d'alimentation de 20 MW !).

Il faut donc relativiser le bon état et la modernité de nos routes, qui ne sont jamais acquis, d'autant qu'ils relèvent d'acteurs très différents (État pour les routes nationales et certaines autoroutes, départements pour les départementales, concessionnaires privés pour le réseau autoroutier concédé de 9 000 km). Il convient également de rappeler le caractère irremplaçable et vital de la route qui, loin d'être un réseau comme les autres, est le réseau fondamental sur lequel tous les autres s'appuient. À quoi bon prendre le train ou l'avion si une route ne vous mène pas ensuite à destination ? Ce qui est vrai dans l'espace est vrai dans le temps : la route est majoritairement le réseau des déplacements du quotidien, ceux qui permettent de travailler, d'étudier, de se soigner... Enfin la route n'est pas qu'un ruban de bitume déposé machinalement par terre. Toute son histoire montre l'ingéniosité humaine, le modelage des paysages, les techniques sophistiquées de construction des tunnels, des ponts, des viaducs, les façons de conjurer la pluie, le gel et la chaleur, les stratégies pour préserver la biodiversité et la circulation de la faune (voir idée reçue 33), les mesures pour réduire le bruit et la pollution, le basculement du parc automobile vers l'électrique, etc. Sans compter que la route se fait intelligente : GPS adapté au trafic en temps réel, voies réservées, véhicules autonomes, péages à flux continu, covoiturage assisté par application, et bientôt les routes électriques. La route a plus d'un tour dans son sac. Elle sera toujours, pour tous les Français, le premier et le dernier kilomètre, quel que soit le mode de transport choisi, mais aussi et surtout pour la majorité des Français, tous les kilomètres, du premier au dernier.

Messieurs les politiques, encore un effort pour refaire de nos routes les meilleures du monde !

TU POLLUES.
TU CRÉES DES BOUCHONS.
TU COÛTES CHER
EN ASSURANCE
PARKING
ENTRETIEN
CARTE GRISE
CONTRAVENTIONS...
MAIS JE T'AIME!!!
GABS.

IDÉE REÇUE 28

« Les gens ne lâcheront jamais leur voiture ! »

La voiture individuelle avec ses cinq places, son coffre, sa galerie, son parking ou son garage est un des plus grands « acquis sociaux » de l'Occidental du XXe siècle. Depuis Ford, elle est devenue l'objet de désir et de statut par excellence, celui que vante la publicité et que finance le crédit, ces deux ressorts de la société de consommation. Des villes, des pays entiers, à commencer par les États-Unis, ont été conçus autour d'un usage illimité et permanent de la voiture individuelle, y compris en mangeant ou en regardant un film… Dans la vieille Europe aux ruelles étroites, des cinq voies rugissantes sont plus difficiles à mettre en œuvre, mais dans les années 1960, même Paris était tenu de « s'adapter à l'automobile », selon les mots du président Georges Pompidou. Il serait donc difficile d'envisager une « sortie de route » de ce monument trop passionnel.

Il sera effectivement toujours inconcevable, pour certaines personnes, de « lâcher leur voiture », mais la transition énergétique et écologique ne préconise pas son abandon. Et que dire de ceux qui à titre personnel ou professionnel utilisent un véhicule utilitaire léger[1] ? La transition rend nécessaires des réponses différenciées aux besoins de mobilité. Elle n'est

1. Les VUL totalisent 6 millions de véhicules (37 millions pour les voitures).

pas « anti-voiture », elle est contre le « tout voiture », au sens du siècle dernier, un véhicule d'une tonne et de cinq places, à moteur thermique, utilisé aussi bien pour poster une lettre que pour partir en vacances, et qui à lui seul façonne le paysage. De fait, dans la grande majorité des cas, les usagers utiliseront toujours un véhicule individuel, mais adapté aux territoires et aux usages. Ce véhicule sera aussi propre que possible (le plus souvent électrique), aussi léger que possible. On ne le possédera pas nécessairement, autrement dit l'usage supplantera la propriété, pour mutualiser davantage les ressources, grâce à la puissance d'appariement du numérique. Ce véhicule individuel pourra aussi bien être un vélo à assistance électrique qu'une voiture ultralégère utilisable sans permis, ou encore un véhicule semi-autonome pour personne âgée. Sans oublier les VUL (véhicules utilitaires légers) qui devront abandonner leur motorisation carbonée.

La frontière entre les usages (et donc les types de véhicules requis) passe bien sûr entre les métropoles et les autres territoires. Au cœur de ces premières, la tendance, déjà forte, est celle des modes actifs (marche, vélo, trottinette) et des transports en commun (tramway, métro, bus, navettes de petite taille pour personnes vulnérables). L'emprise des places de stationnement devra considérablement décroître – en préservant bien évidemment les professionnels et les livreurs. C'est donc une ville tout aussi mobile, mais dont les mouvements seront moins « browniens » et individualistes. L'évolution doit se faire progressivement : on connaît l'attachement – souvent justifié – à l'automobile. On ne peut pénaliser ou désinciter les automobilistes qu'à condition de leur proposer des alternatives efficaces, abordables et désirables. Une fois celles-ci mises en place, par contre, rien ne s'oppose à un modèle singapourien, où la voiture individuelle en ville est réduite à la portion congrue. N'oublions pas pour autant que les alternatives à la voiture ne doivent pas concerner que les citadins, mais aussi et peut-être surtout les millions d'actifs qui viennent souvent de loin pour faire vivre la ville (voir idée reçue 19). Ils doivent pouvoir se rendre facilement aux portes de la métropole et y profiter de ses mobilités douces, de la façon la plus fluide, comme s'ils habitaient sur place. Tout comme un Francilien habitant à proximité d'une station de RER peut enchaîner, une fois dans Paris, avec un vélo ou un trajet en métro.

On aura raison de poser la question de la zone grise : où commence cette fameuse métropole et ses transports propres et fluides ? À Toulouse par exemple, grand cœur urbain d'une métropole, la voiture conserve encore un rôle essentiel. On ne pourra en réduire la place que lorsque les alternatives efficaces et agréables auront été mises en place (voir idée reçue 13), pour un trajet « sans couture ». La route est encore longue, mais si elle signifie la fin de la « bagnole », elle n'implique pas la fin du véhicule individuel, loin de là. Il sera encore là en 2050 et bien au-delà, sous de multiples formes. C'est pour cette raison que sa décarbonation est urgente et nécessaire, avec les nouveaux réseaux d'alimentation électrique qui doivent ouvrir la voie.

TAXI
GABS.

IDÉE REÇUE 29

« Les États-Unis sont le royaume de l'automobile ! »

Conduire une Cadillac de quatre mètres ou un gigantesque pick-up le long d'interminables routes traversant des paysages grandioses, filer entre Los Angeles et San Francisco sur une autoroute à cinq voies, regarder un film à grand spectacle dans un *drive-in*, commander son menu Big Mac depuis le siège du conducteur, faire un plein d'essence à 90 centimes d'euro le litre… L'automobile est au cœur du rêve américain, à une échelle inconnue de la vieille Europe, puisque bien des villes ont été construites en fonction de la voiture, à rebours des centres-villes médiévaux de nos métropoles.

Comme souvent, les États-Unis sont terre de contrastes. Oui, l'hégémonie de la voiture y est frappante, et la première autoroute du monde est américaine, dès 1914. Mais sait-on que dans l'entre-deux-guerres, le tramway régnait dans les villes américaines, avant d'être chassé par le lobby des constructeurs automobiles ? Sait-on qu'aujourd'hui les États-Unis, et plus précisément la Californie, sont la référence en matière de mesures encourageant le covoiturage ? Sait-on que les géants de la Silicon Valley ont créé des lignes d'autocars express depuis San Francisco pour leurs salariés ?

C'est en 1973 que la Californie a mis en place une voie réservée aux autocars dans la ville de Los Angeles, voie qui a très vite été ouverte aux covoitureurs. Peu à peu, ces voies se sont multipliées : elles représentent un réseau de plus de 700 km dans le Grand Los Angeles. Oui, nous parlons bien de la Californie ! À Minneapolis, dans le Minnesota, une voie à péage a été ouverte en 2005, afin de réguler le trafic en modulant le tarif. Il y a une dizaine d'années une note de la Direction générale des Infrastructures, des Transports et des Mobilités (DGITM) faisait déjà état de l'ampleur du modèle états-unien, des voies réservées existaient dans 24 États, avec 5 500 km de voies de covoiturage (dites « High Occupancies Vehicle Lanes », HOV), 600 km de voies de covoiturage avec péage (dites « High Occupancy Toll Lanes »), enfin 400 km de voies réservées exclusivement aux bus[1].

Certes, par rapport aux près de 7 millions de kilomètres de routes et d'autoroutes américaines, c'est bien peu. Mais ces voies spéciales ne sont justifiées que dans une toute petite partie du territoire, les zones urbaines, où les congestions sont quotidiennes. L'idée est donc simple : inciter fortement les usagers à rouler à plusieurs, ce qui donne droit à une voie libérée des ralentissements. Voie à laquelle peuvent avoir accès, dans certains cas, les autosolistes, moyennant un péage dont le tarif fluctue selon l'intensité du trafic. Les modalités peuvent varier localement, ouvrant ces voies privilégiées aux voitures électriques, aux véhicules transportant trois personnes, aux deux-roues, aux ambulances, aux minibus transportant des personnes à mobilité réduite, etc.

Que retenir de ces réalités surprenantes, que l'on ne voit pas assez, pour ne pas dire pas du tout, dans les innombrables courses de voitures des films policiers américains ? Tout d'abord, qu'aucun pays ne se réduit aux clichés que l'on peut entretenir à son sujet ! Ensuite, qu'en matière de gestion des voies

1. R. Carmigniani, « Voies de covoiturage et gestion dynamique de voies », sous-direction des Études et de la Prospective, 28 avril 2014.

rapides urbaines, la France est terriblement timorée. Nos voies rapides urbaines semblent irrémédiablement vouées à perpétuer le modèle de la voiture individuelle, sous-occupée (voir idée reçue 4), bruyante et surpolluante. Même la perspective d'une électrification du parc automobile ne semble pas faire évoluer les esprits ! Enfin et surtout, les États-Unis, pourtant terre de futurisme, nous apprennent que la technologie n'est pas le cœur de la solution aux émissions de gaz à effet de serre ou aux embouteillages, deux faces du même problème. Ce qui compte n'est pas tant le véhicule que la façon de se déplacer. Inciter les navetteurs à faire du covoiturage, sera toujours plus propre, plus rapide et moins coûteux que de rester seul, bloqué dans un pick-up de deux tonnes, fût-il électrique !

EN PANNE ?
NON : JE RÉDUIS MA VITESSE.
GABS.

IDÉE REÇUE 30

« Il faut réduire les vitesses ! »

La sobriété doit devenir le mot d'ordre de nos sociétés asphyxiées par le réchauffement climatique. Les transports étant le secteur le plus émetteur et le seul n'ayant pas réussi à faire diminuer ses émissions, il est normal que la vitesse soit dans le collimateur. Chacun sait que l'on consomme (et donc pollue) davantage à 130 km/h qu'à 90[1]. En France, la vitesse maximale sur les routes secondaires est passée il y a quelques années à 80 km/h, tandis que la limitation à 110 km/h sur autoroute est régulièrement débattue depuis qu'elle a été préconisée par la convention citoyenne pour le climat. En ville, la vitesse maximale autorisée ne cesse de baisser, pour atteindre 20 km/h dans certaines zones.

À tort ou à raison, la baisse des vitesses autorisées pose un vrai problème d'acceptabilité sociale dans notre pays, marqué par de nombreuses zones diffuses d'habitation. On sait que la baisse à 80 km/h a été un des facteurs de la crise des Gilets jaunes. Il est à craindre que la décision de passer à 110 km/h sur autoroute ne suscite de vives réactions, malgré la pertinence et l'efficacité de cette mesure, d'autant que cette vitesse maximale est banale dans de nombreux pays, dont les États-Unis.

Cependant, une autre contrainte pourrait aboutir au même résultat en s'évitant le psychodrame d'une atteinte aux libertés

1. Ministère de la Transition écologique et solidaire, « Réduction des vitesses sur les routes : analyse coûts bénéfices », mars 2018.

quotidiennes : le signal prix. L'essence étant vouée à demeurer chère, les automobilistes feront certainement le calcul par eux-mêmes et ralentiront, pour ne pas avoir à refaire un plein trop souvent[2]. La régulation par le prix, une forme de taxe carbone, peut suffire à changer les mentalités. Ce raisonnement se vérifie en partie avec les voitures électriques, qui perdent beaucoup de leurs réserves à grande vitesse.

La question se pose différemment en ville. La diversité croissante des modes de transport (vélos, trottinettes, roues électriques…) impose une convergence basse des vitesses, entre 20 et 40 km maximum, pour éviter toute collision grave. La diminution des vitesses en ville est par ailleurs la seule façon de rendre acceptable le passage aux voitures très légères, comme les « Kei Cars » japonaises[3], intermédiaires entre le vélo et la voiture, qui ne peuvent offrir les mêmes garanties de sécurité qu'un véhicule standard.

L'accidentologie montre cependant que l'essentiel des accidents graves de cyclistes ont lieu hors agglomération, et que les accidents de cyclistes en ville progressent bien moins vite que le trafic lui-même[4]. En zone rurale, le cycliste ne bénéficie pas de voies réservées et peut entrer en collision avec des voitures lancées à grande vitesse. En ville au contraire, une masse de véhicules se déplaçant à basse vitesse neutralise le risque. Les analyses montrent que la vitesse n'est pas le facteur premier de l'accident : les obstacles (portières, bornes, plots) ou les refus de priorité sont bien plus dangereux, même à vitesse réduite.

2. Y. Crozet analyse cette mesure dans l'annexe « La question de la vitesse routière » de la note TDIE « Engagements climatiques et mobilités : à la recherche du bien commun », 2023.
3. Les Kei Cars représentent 37 % du parc de voitures au Japon, l'un des rares pays où les émissions de CO_2 dues au transport baissent depuis une dizaine d'années.
4. Observatoire national interministériel de la sécurité routière (ONISR), chiffres 2023.

IDÉE REÇUE 31

« Pour éviter les embouteillages, il faut rouler plus lentement ! »

Souvenez-vous de votre dernier retour de vacances vers la grande métropole. Depuis votre villégiature idyllique jusqu'à l'autoroute, vous avez sans doute connu le bonheur d'une circulation fluide, où les autres voitures ne sont que d'aimables apparitions intermittentes. Vous pouviez choisir votre vitesse, dans la limite autorisée et selon le style de conduite qui vous est propre. Votre progression était à peu près linéaire et sans accroc.

En vous rapprochant à quelques dizaines de kilomètres de la grande ville, il est probable qu'un autre régime vous soit imposé, la progression en accordéon. De plus en plus de voitures vous entourent, les coups de freins sont nombreux, ainsi que les queues de poisson. Les plus prudents ou les plus altruistes allument leurs « warnings », l'écoulement n'est plus fluide, il ressemble davantage aux heurts d'un torrent.

Vous voilà malgré tout aux portes de la cité : avec un peu de malchance, vous profitez d'un très fort ralentissement, pour ne pas dire d'une mise à l'arrêt fréquente. À l'aval, une panne ou un accident a provoqué un rétrécissement des voies, les voitures se rapprochent, parechoc contre parechoc, des véhicules d'intervention tentent de remonter le trafic *via* la bande d'arrêt d'urgence, et certaines applications GPS vous annoncent même le temps que vous allez passer dans le bouchon. Une fois l'obstacle laborieusement dépassé, la circulation fluide peut reprendre.

Ces deux derniers régimes de circulation, dont l'alternance fait la crainte de tout automobiliste, sont synonymes de perte de temps, de risque d'accident, de surconsommation d'essence et de pollution – sans parler du stress dans l'habitacle ! Les enjeux économiques, humains et urbanistiques sont tels que l'écoulement du trafic est depuis longtemps un objet d'étude des chercheurs, sur le modèle de la mécanique des fluides. À ceci près qu'ici, les gouttes d'eau sont des agents intelligents et sensibles, ce qui peut compliquer le problème.

Mesurons donc, de la façon la plus scientifique possible, la circulation routière sur un tronçon de voie rapide comme le boulevard périphérique parisien ou l'A86. Les deux variables utilisées seront le débit en véhicules et la vitesse. Mettons le débit en abscisse (en nombre de véhicules par heure) et la vitesse en ordonnée (en km/h)[1]. On obtient un nuage de points qui a l'air d'un boomerang s'ouvrant vers la gauche, avec trois zones : le nuage du haut, avec des vitesses élevées, qui correspond au régime fluide ; le nuage du bas, vitesse réduite, qui est celui de la congestion ; enfin le nuage dispersé à droite, reliant les deux autres, qui est celui du régime en accordéon.

Nous pouvons en retenir d'une part que le débit maximum n'est pas atteint lorsqu'on roule au pas, parechoc contre parechoc, ni à haute vitesse, mais quelque part plus à droite sur notre boomerang. D'autre part, qu'un tronçon de voie rapide peut assurer un même débit avec deux plages de vitesse différentes : par exemple

1. Un bon croquis valant mieux qu'un long discours, le lecteur pourra le trouver dans l'article « Impact de la voie auxiliaire sur le niveau de service du tronc commun A4-A86 », par Simon Cohen, INRETS, 2007 (www.researchgate.net/publication/277061123_Impact_de_la_voie_auxiliaire_sur_le_niveau_de_service_du_tronc_commun_A4-A86).

des vitesses de 130 km/h ou de 35 km/h permettent indifféremment un débit de 1 500 véhicules par heure et par voie. La vitesse n'est donc pas en soi prédictive d'un débit faible ou élevé.

Par bonheur, la saturation est réservée aux voies rapides des grandes métropoles, ou sur les axes autoroutiers les jours de grands départs. Dans tous les autres cas, on profite d'une circulation fluide, à ceci près qu'il faut respecter une vitesse maximale et une distance de sécurité entre les véhicules, rappelée dans le code de la route. Cette distance de sécurité, qui augmente avec la vitesse, correspond à la distance parcourue par le véhicule pendant un délai d'au moins deux secondes, délai qui prend en compte des temps de perception-réaction plus élevés par exemple pour les conducteurs âgés.

C'est donc la congestion qui est l'ennemie, et non la vitesse dans l'absolu. Et pourtant, c'est la congestion qui, *de facto* et par défaut, est utilisée comme outil de régulation du trafic. La peur du samedi noir de Bison Futé est censée limiter les dégâts, mais on s'en remet par là même à la seule bonne volonté ou la seule prudence des automobilistes. Personne ne supporterait de se voir imposer des heures dans les embouteillages par un méchant pouvoir politique, et pourtant nous y consentons quand nous nous résignons aux lois de la physique des fluides routiers ! La congestion « naturelle et spontanée » est pourtant la pire régulation qui soit, avec un coût environnemental et économique élevé.

Ne pourrions-nous pas « organiser des régulations » intelligentes et prévisibles, qui permettraient à chacun de s'adapter en temps réel ? Péages adaptatifs, quotas, voies réservées et covoiturage, maintien des goulets d'étranglement à l'entrée des grandes villes, plans de circulation, parkings-relais, prix du stationnement dissuasif, les outils ne manquent pas. Ayons le courage de sortir du fatalisme !

TAXES
ESSENCE
GABS.

IDÉE REÇUE 32

« Les voitures consomment toujours moins de carburant »

La technologie a de quoi faire rêver : en vingt-cinq ans, de 1995 à 2020, les constructeurs automobiles ont été capables de rendre les véhicules beaucoup plus sûrs, avec des portières épaissies pour nous protéger des chocs latéraux, des voitures plus larges, des équipements de freinage plus efficaces, un éclairage plus performant, mais aussi plus confortables, avec de la climatisation, de l'insonorisation, un coffre plus grand, des vide-poches multiples, des motorisations qui font bouger les vitres et les rétroviseurs… Et ce n'est pas tout : toujours sur la même période, les véhicules sont devenus beaucoup moins polluants grâce aux pots catalytiques. Cerise sur le gâteau, ces améliorations sont advenues en faisant baisser la consommation de carburant d'un peu plus d'un litre aux 100 km (de 6,6 l en 1995 à 5 l en 2020 pour les véhicules neufs à moteur diesel, et de 7,5 à 6,8 l pour les véhicules à essence – source Ademe, 2021), soit 24 % de moins pour les diesels, et 9 % pour les voitures à essence. Au total, plus de sécurité et de confort, et moins de pollution, avec moins de carburant : cela ne suffit-il pas à ouvrir des horizons optimistes sur le pouvoir de l'innovation ?

Nuançons le tableau. Plus de confort, de sécurité, avec moins de carburant : tous ces progrès indéniables, nous les avons achetés pour un coût qui évoluait moins vite que le pouvoir d'achat et cet exploit de l'innovation nous a permis de rouler davantage :

l'usage de la voiture a augmenté, en volume, de 25 % (source Comptes transport de la Nation). En passant, le poids moyen des véhicules neufs a fait un bond, de moins de 953 kg en moyenne en 1990 à 1 297 kg en 2007[1], et depuis 2007 le poids moyen s'est stabilisé pour atteindre 1 233 kg en 2022 (soit –5 %).

Il ne suffit donc pas que la consommation d'essence diminue, voire disparaissent, avec le véhicule électrique (voir idée reçue 26), encore faut-il modifier en profondeur nos usages et nos préférences. Faute de quoi, on assiste au classique effet rebond : plus un appareil est efficace (consomme moins pour un usage donné), plus on est tenté de l'utiliser. Les logements sont mieux isolés, mais ils gagnent en taille et sont plus chauffés, pour le même coût. Les voitures consomment moins, mais roulent plus loin et plus souvent, en étant plus lourdes, sollicitant plus d'espace, d'énergie et de matières premières. À mesure qu'avec les voitures électriques la question des émissions de CO_2 sera moins pressante (et tout dépend de l'origine de l'électricité utilisée), ce sont les autres points négatifs de la voiture individuelle qu'il faudra combattre. L'avènement de véhicules faiblement carbonés risque de faire baisser la vigilance quant à l'impact global d'un monde centré sur l'autosolisme, et de déculpabiliser à peu de frais constructeurs, acheteurs et vendeurs.

Ces véhicules ne devront pas se borner à être des « voitures sans émissions locales », mais des voitures propres : sans émissions importées, légères et mutualisées. Loin, très loin des monstrueux 4'4, ces voitures-cocons qui sillonnent les métropoles de tous les continents (voir idée reçue 7)… Mais accepterons-nous de rouler dans une petite voiture légère avec le freinage, les pare-chocs, l'éclairage, la chaleur ou le froid et le bruit d'un véhicule des années 1960 (voir idée reçue 20) ?

1. Voir https://carlabelling.ademe.fr/chiffrescles/r/evolutionMasseMoyenne

IDÉE REÇUE 33

« L'autoroute est un désastre écologique ! »

Les opposants à tout nouveau projet autoroutier le répètent à l'envi : l'autoroute est un fléau écologique. Non seulement elle artificialise les sols (souvent de bonnes terres cultivables), mais elle crée une rupture dans la continuité écologique (pour la faune et la flore), tout en générant des émissions de gaz à effet de serre lors de sa phase de construction comme dans son utilisation, sans parler du bruit, de la pollution visuelle, des métaux lourds, des huiles ou de la pollution issue de l'usure des pneus et des plaquettes de freins.

Dire que la création d'une route, quelle qu'elle soit, ne comporte que des avantages, serait mentir. Tout ce qui est reproché plus haut est avéré, à des degrés très variables. Il ne s'agit donc pas d'imaginer une route zéro impact, mais de prendre conscience des conséquences du besoin de circulation de nos sociétés, et de les minimiser le plus possible. Ceci, soit dit en passant, concerne aussi bien les routes pour automobiles que les voies de chemins de fer, qui ne sont pas moins invasives dans le paysage, et commencent à susciter les mêmes résistances (Lyon-Turin, LGV Bordeaux-Toulouse).

Commençons par souligner qu'en France la création d'une route est un projet soumis à la démocratie, à travers notamment la loi Barnier de 1995, qui impose un débat public, sous l'autorité de la Commission nationale du débat public. La déclaration d'utilité publique permet de procéder à la phase la plus délicate qui est celle du tracé et de l'expropriation nécessaire. La route passant bien souvent par des terres agricoles, un remembrement s'impose : des parcelles dispersées sont échangées pour constituer des parcelles plus grandes, de part et d'autre de l'autoroute, bien plus commodes à exploiter et à clôturer. Ceci explique que les agriculteurs fassent plutôt bon accueil aux grands projets autoroutiers ou ferrés !

Par ailleurs, tout un arsenal de textes existe pour assurer la protection de la faune, de la flore, de l'eau, pour limiter l'exposition au bruit, et même imposer des fouilles archéologiques préventives. Tout dossier est soumis à des enquêtes d'utilité publique, à des lois comme la loi LOTI de 1982 ou la loi Bianco de 1992, qui prévoient des bilans socio-économique et environnemental. Avec la loi de 1992, l'eau est tout particulièrement surveillée, car pour sa préservation l'autoroute ne doit pas gêner les écoulements naturels, ni créer des pollutions par ruissellement sur le bitume. La route imperméabilisant le sol, l'eau doit être recueillie dans des bassins *ad hoc*, puis dépolluée par décantation, car le contact avec la chaussée charrie de multiples polluants (métaux lourds, huiles, plastiques, hydrocarbures).

Enfin pour les infrastructures anciennes, construites avant les textes de protection des ressources naturelles, force est de reconnaître qu'elles ont un fort impact négatif sur le plan écologique et c'est pour remédier à cet état qu'en 2008, à la suite du Grenelle de l'environnement, les constructeurs autoroutiers ont pris l'initiative de proposer à l'État un « paquet vert » autoroutier, pour mieux insérer le réseau dans la nature. Concernant la flore et la faune, la coupure routière doit être minimisée pour ne pas fragmenter les habitats naturels. Trois mots d'ordre sont de mise : éviter (d'impacter), réduire ou compenser (les impacts). Dans les zones les plus riches en faune, des « écoducs » sont percés sous l'autoroute pour le passage de la petite faune, tandis que des « écoponts » entièrement boisés permettent le passage de la grande faune, abritée par des palissades. S'il le faut, des espèces rares sont déplacées ou des études sont menées, et c'est ainsi qu'un coléoptère nommé le pique-prune a pu retarder de six années le chantier de l'A28... L'ensemble de ces mesures (bassins, voies de passage, plantations pour les oiseaux, écrans paysagers) fait souvent de l'autoroute un corridor de biodiversité qui n'existait pas ou peu auparavant dans un paysage agricole.

Le remodelage et le terrassement sont bien sûr des étapes essentielles : il faut aplanir une pente trop forte, contourner un obstacle, recréer un modelé naturel. Comme l'exprime le paysagiste Bernard Lassus, de nos jours « l'autoroute a plus à voir avec un belvédère », qui permet de découvrir les beautés d'une région en s'insérant dans son relief et ses particularités. De plus, depuis 1995, la loi impose à tout aménageur de consacrer 1 % de son budget à l'entretien ou l'amélioration du paysage visible depuis la route.

N'en concluons pas que les routes sont inoffensives et qu'il faut les multiplier à tout crin. Nous disposons déjà du réseau routier par habitant le plus dense d'Europe. Retenons que dans notre pays, les routes n'ont jamais été aussi respectueuses de leur environnement humain et naturel et, une fois de plus, qu'une des façons de dépolluer l'usage de la route est de changer la vision que l'on a d'elle, de basculer vers des véhicules propres et des transports routiers collectifs massifs pour minimiser aussi bien le trafic que les émissions et le bruit induits.

IDÉE REÇUE 34

« Les VTC sont la solution idéale pour désengorger les villes »

En 2019, on pouvait lire sur le site internet de la firme Uber : « Nos équipes, nos processus et notre technologie peuvent aider à transformer les villes en des lieux plus sûrs, plus performants et plus beaux. » Quoi de plus lumineux, en effet que des véhicules de transport avec chauffeur (VTC) nombreux, agiles, abordables, pour dissuader les citadins de prendre leur propre véhicule ? Le VTC n'est-il pas l'emblème d'une mutualisation des solutions de transport, rendue plus efficace que jamais grâce aux algorithmes de l'intelligence artificielle appariant en temps réel l'offre et la demande ?

Au fil des ans, le bilan est bien moins reluisant que prévu. Tout d'abord, le modèle social d'Uber et de certains de ses concurrents pose problème à de nombreuses législations nationales. La dépendance à l'application est telle qu'il est difficile de présenter comme indépendants des chauffeurs qui n'ont qu'un seul employeur, cette zone grise créant une concurrence déloyale avec les taxis traditionnels. Ceci explique que la firme ait été bannie provisoirement ou durablement, entre autres, à Londres, à Madrid, à Genève, en Hongrie, en Italie ou en Inde[1]. Dans bien des pays, Uber a été contraint de requalifier

1. « La série noire continue pour Uber », *Le Monde*, 9 décembre 2014 ; « Aux États-Unis aussi, Uber fait face à des interdictions », *Le Monde*, 6 juillet 2015.

les contrats et de conférer le statut de salarié ou de verser des dédommagements aux taxis.

Mais qu'en est-il de l'impact environnemental ? Selon une étude réalisée en 2019 par l'ONG européenne Transport & Environment pour Sierra Club, la principale association écologiste américaine, les émissions de gaz à effet de serre des VTC de la marque génèrent quelque 335 000 t de CO_2 par an à Londres et 180 000 t à Paris. La plupart des véhicules roulant au diesel, motorisation plus robuste, la pollution est d'autant plus forte[2]. En 2016, une étude du cabinet 6-T pour l'Ademe démontrait à l'époque un impact marginal de l'ensemble des VTC français : entre 21 000 et 30 000 véhicules seulement seraient sortis de la circulation en France grâce à l'offre des VTC, à comparer avec un parc automobile français de plus de 30 millions de véhicules…

Certes, les VTC vont eux aussi faire leur mue électrique, et l'argument de la pollution pourrait ne plus valoir. Certes, Uber propose des formes de mutualisation de courses, mais celles-ci ne sont pas du covoiturage, bien plus abordable puisque le chauffeur n'est pas salarié. Le doute subsiste sur la viabilité financière d'une telle offre, quand les tarifs des courses auront fini l'augmentation inéluctable consécutive à la normalisation légale de cette activité. Uber n'est devenu rentable temporairement qu'en 2023, treize ans après sa création…

Un tel modèle disruptif, longtemps aux limites de la légalité, ne peut être une solution de transport pérenne pour des agglomérations de plusieurs millions d'habitants. Comme le vélo ou la trottinette, il enrichit une offre de centre-ville déjà pléthorique, mais ne résout pas la question de la place de la voiture en ville, ni celle de la réduction des émissions de gaz à effet de serre des transports.

---

2. « Pollution : à Paris, même les diesels les plus récents dépassent largement les normes », *Le Monde*, 10 septembre 2019.

PARTIE 5

Économique, flexible, écologique, éprouvé : le transport collectif routier a tous les défauts !

IDÉE REÇUE 35

« En France, l'autocar, ça ne marche pas... »

Les plus de 40 ans ne peuvent pas ne pas avoir connu l'expérience d'un départ en colonie à bord d'un car : fauteuils raides, bruit d'enfer, pas de ceinture de sécurité, hurlements de peur et de joie, adieux des parents, goûter et doudous laissés à la maison, bagages bourrés à craquer dans la soute, moniteurs dépassés, vitesse d'escargot, suspensions discutables, arrivée toujours plus tard que prévu à la neige ou à la mer...

Au quotidien, l'autocar, c'était aussi le ramassage scolaire, dans de vieux cars diesels usés jusqu'à l'os, où l'on ne s'imagine pas rester plus de quelques dizaines de minutes.

Aujourd'hui, l'autocar, ce sont toujours des gares routières qui n'en ont que le nom : tunnel suffocant à Paris-Bercy, parking mal dégrossi à Bagnolet ou à La Villette, parkings ou délaissés routiers en plein air. On se demande s'il existe une véritable gare routière en France, avec, par exemple, des locaux fermés et chauffés, des toilettes, des sièges où s'asseoir, des boutiques, de l'espace, de la lumière et du silence...

Une fois la marmaille partie pour son stage de foot, peu de parents rêvent de prendre l'autocar pour un week-end en amoureux... L'autocar ? Un bus amélioré ! Ne sommes-nous pas à l'heure du tout-TGV et de l'avion *low cost* ?

Et pourtant... Un autocar des champs ne fait pas du cabotage urbain comme l'autobus des villes, il fait de la longue distance :

ramassage scolaire dans les campagnes, transports interurbains, liaisons touristiques. Les autocars sont devenus de vrais palaces à roulettes, avec fauteuils réglables, vue panoramique, toilettes, wifi, vitres teintées, prise électrique, climatisation, etc. C'est bien plus l'ambiance d'un TGV ou d'un avion que d'un vulgaire autobus ou d'une bétaillère.

Sait-on que les autocars assurent trois fois plus de passagers-kilomètres que les autobus ? Sait-on que le réseau ferré, avec toute son étendue, sa puissance et ses moyens financiers, ne fait qu'un peu plus du double des autocars, avec 105 milliards de passagers-kilomètres ? Et surtout que les autocars transportent plus que les TER ? Bienvenue dans le monde des transports collectifs routiers, si peu évoqué dans les médias, qui n'ont d'yeux que pour l'armada du chemin de fer !

Pourtant, en 2015, un certain Emmanuel Macron, ministre des Finances, libéralisait le transport interurbain et lançait ce qu'on appellera les « cars Macron », des liaisons routières entre villes distantes de plus de 100 km. Malgré les polémiques et la consolidation laborieuse du secteur, ces lignes d'autocar ont trouvé leur public : des voyageurs peu fortunés, mais surtout de nouveaux voyageurs, qui ne se seraient pas déplacés sans les tout petits prix, délaissant le train, trop cher, ou la voiture, trop contraignante, même en covoiturage du type BlaBlaCar. Il était temps !

Néanmoins, l'autocar français reste à la traîne par rapport à ses voisins européens. Sa part modale n'est que de 6 %, contre 9 % en Europe, notre continent lui-même n'étant pas une référence mondiale en termes de transports routiers collectifs.

On retrouve ici la préférence française pour le train (voir idée reçue 25), alors même que nous sommes un pays à population répartie de façon bien plus homogène que des contrées montagneuses comme la Suisse ou l'Autriche. Doit-on appeler cette préférence une préférence pour la dépense ? Jean Coldefy rappelle qu'un TER du type Regiolis (360 places assises) coûte

35 € par kilomètre parcouru, soit dix fois plus qu'un car de 60 places assises[1]. Il en résulte que même si notre TER est rempli à 100 % il vaut mieux le remplacer par 6 autocars, ça ne coûtera que 21 € au lieu de 35 € par kilomètre, et en outre les fréquences de passage seront multipliées par six.

Mais dira-t-on, l'autocar pollue. Dans l'absolu, rien de plus vrai, mais un TER roulant au diesel, bien plus (voir idée reçue 9). Ce taux de remplissage est essentiel pour arbitrer entre des modes de transport : le vainqueur ne l'emporte pas par son poids et ses muscles, mais par sa souplesse. Sur ce terrain, l'autocar est imbattable. Il part quand il veut et modifie son itinéraire et ses haltes si besoin. De plus, les autocars électriques existent déjà.

Des expériences de cars express[2], notamment en Île-de-France, à Dourdan, ont montré que l'automobiliste vivant en grande périphérie a bien conscience des limites de son véhicule individuel, et qu'il est prêt à l'abandonner si se présente à lui une alternative désirable, prêt à laisser au conducteur professionnel la charge mentale de la conduite pour se concentrer sur son travail, sa détente ou sa fin de nuit.

L'efficacité, la souplesse et la popularité des autocars commencent à être reconnues. Il le faut, et bien plus encore, pour qu'enfin leur soit dédiée cette voie réservée qui leur donnera l'avantage ultime : comme le train, laisser loin derrière les hordes d'autosolistes embouteillés (voir idée reçue 37). L'autocar n'est plus un jeu d'enfant, aidons-le à devenir adulte !

---

1. J. Coldefy, « Mobilités : pour des solutions justes et décarbonées (et non juste décarbonées) », Terra Nova, 16 février 2023. https://tnova.fr/contributeurs/jean-coldefy/
2. Les expériences de cars express en France et à l'étranger sont longuement décrites dans mon ouvrage *Transports, les oubliés de la République*, *op. cit.*, mais aussi dans l'ouvrage de T. Mallet, *Voyage au cœur de la mobilité*, *op. cit.*

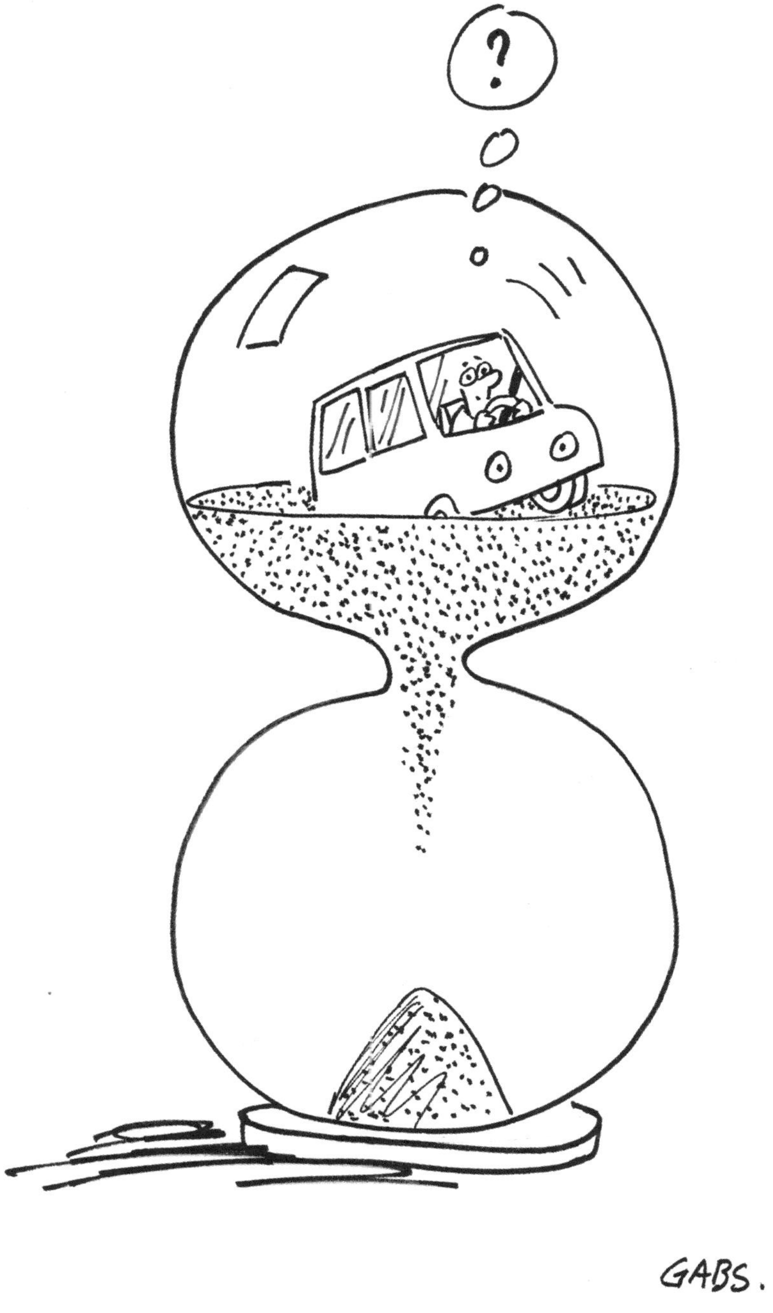
?
GABS.

IDÉE REÇUE 36

« Pour qu'un automobiliste accepte de changer de mode de transport, il faut qu'il soit sûr de gagner du temps »

On imagine difficilement qu'un citoyen normal, propriétaire d'une voiture dont il paye les mensualités, l'assurance, l'entretien et la place de parking, accepte de laisser sa voiture au garage ou dans la rue dès qu'il s'agit de se déplacer. Un seul argument lui est opposable : le temps gagné, par exemple en prenant le métro dans Paris, le TGV d'une grande ville à l'autre, *a fortiori* s'il s'agit de traverser les océans…

L'obsession du temps peut se comprendre. Après tout, c'est la caractéristique principale d'un trajet : combien de temps pour aller d'un point A à un point B ? En réalité, bien d'autres paramètres interviennent, dont les principaux sont le coût, le confort, la sécurité. Tous concourent à un résultat essentiel, le temps ressenti. Pouvoir dormir, se distraire ou travailler durant un trajet nous le fera paraître bien moins long qu'il n'est. Un trajet ininterrompu, même long, nous semblera plus court, qu'un trajet plus court, mais parsemé d'arrêts qui ne nous concernent pas. La foule des heures de pointe dans le RER ou le métro transforme en supplice le déplacement le plus modeste. Inversement, un train ou un car interurbain offrant fauteuil inclinable, wifi et climatisation nous fait oublier la montre.

Enfin bien des automobilistes préféreraient utiliser leur voiture plutôt pour les vacances que pour respirer les gaz d'échappement dans les bouchons du matin et du soir.

Le temps de l'horloge n'est donc qu'un critère de choix parmi d'autres. C'est la qualité de l'expérience du trajet qui a le dernier mot. À quoi la mesurer? Sans doute au succès rencontré par une offre de transport alternative comme la ligne de cars express Dourdan-Massy, dont le parc-relais a été déjà agrandi deux fois, ce qui n'empêche pas le stationnement sauvage… En 2011, la liaison avait attiré 470 000 voyageurs, puis 760 000 en 2019, soit une progression de 60 % en huit ans. Autre exemple de succès, le Trans-Isère express 1, qui transportait 900 passagers par jour en 2002, puis 3 000 en 2006 et 4 300 en 2016; notons au passage que la multiplication par trois du trafic entre 2002 et 2006 a été acquise avant la mise en service d'un bout de voie réservée sur l'A48. Peu de modes de transport connaissent une telle croissance!

Le secret? Répondre au mieux aux besoins des automobilistes. Ceux-ci n'ont pas plus que d'autres le goût de l'embouteillage, des minutes perdues à chercher une place de parking, du risque d'accident ou de la fatigue de la conduite, surtout quand elle est hachée parechoc contre parechoc! S'ils se voient proposer un parking-relais spacieux, accessible et bien situé, des horaires garantis, un trajet quasiment sans arrêts, une place assise garantie, le couple wifi-climatisation et à l'arrivée un transfert fluide vers un bus ou un métro, le temps de trajet aura beau être un peu plus long, c'est un temps utile, choisi, de repos, d'échange ou de travail[1]. Ce sont tous ces paramètres qui expliquent les choix des usagers.

1. Voir l'analyse de J.-P. Orfeuil dans sa note d'auteur « L'autocar express, une solution pour les déplacements longs de la vie quotidienne ? », La Fabrique de la Cité, décembre 2022. www.lafabriquedelacite.com/wp-content/uploads/2022/12/Lautocar-express-une-solution-pour-les-deplacements-longs-de-la-vie-quotidienne-JP-Orfeuil.pdf

La voiture aura fait ce qu'elle sait faire le mieux, rapprocher en toute sérénité du transport collectif le plus proche. Encore faut-il qu'il soit adapté, performant et de qualité.

Un des meilleurs exemples de cette attractivité est le succès des cars privés à l'usage des salariés de la Silicon Valley, en Californie. Ils ont été mis en place par les entreprises de la tech, à destination des principaux pôles d'emplois. Jean-Pierre Orfeuil souligne que « le succès a été tel que les employés (dont le salaire médian est supérieur à 100 000 dollars annuels) ont recherché des logements à San Francisco à proximité des arrêts, et y ont tellement fait monter les prix que de nombreux habitants ont été évincés du marché, ce qui a provoqué des mouvements populaires[2] »...

Preuve de cette plus-value, la préférence pour un car express ne dépend aucunement d'une voie réservée sur l'autoroute, qui permettrait d'ignorer les embouteillages des « autosolistes ». À Madrid, ville européenne la mieux dotée en réseau de cars express, 80 % des 350 lignes n'ont pas de voies réservées, ce qui ne les empêche aucunement d'attirer les voyageurs (voir idée reçue 37). Il semblerait bien que la « charge mentale » de la conduite d'une voiture individuelle ne soit pas si attractive que cela...

---

2. *Ibid.*

JE M'ENNUIE TOUT SEUL...
T'AS JAMAIS PENSÉ AU COVOITURAGE ?
GABS.

IDÉE REÇUE 37

« L'autocar ou le covoiturage, ça ne marche qu'avec des voies réservées ! »

La tentation est grande, dès que l'on parle de services de transport, de commencer par de grands travaux. Les rapports qui évoquent les services de cars express n'y dérogent pas et commencent tous par plaider la nécessité de prévoir et de financer des voies réservées. La liste est longue, depuis les articles de loi (article 39 de la LOM, articles 124 et 125 de la loi Climat), jusqu'aux nombreux rapports, et ce sujet a même ses batailles perdues, avec l'exemple du projet suspendu de voie de covoiturage sur l'A15. Un projet de voie réservée au covoiturage de 8 km a en effet existé sur la voie de gauche de cette autoroute, sur la partie entre Franconville et Gennevilliers en direction de Paris. Il a couté 5 millions d'euros et devait entrer en service en octobre 2021 pour favoriser la circulation des bus, des covoitureurs et des véhicules à très faibles émissions, et ainsi fluidifier le trafic. Avec le contexte de pandémie de Covid-19 et devant l'opposition des élus locaux, l'État a décidé de suspendre le projet.

Or force est de constater que lorsque Georges Dobias, patron du Syndicat des transports parisiens (ancêtre de l'IdFM), décide de tester les lignes de cars express à la fin des années 1990, il parvient à mettre en service, en moins d'un an, des lignes entre

Dourdan et le RER de Massy-Palaiseau, entre Mantes-la-Jolie, ou Les Mureaux et le RER de La Défense. Ces lignes ont été plébiscitées par les usagers dès le début[1] et ont connu des croissances élevées pendant deux décennies, jusqu'à aujourd'hui. Contre toute attente, en 2023, les automobilistes sont prêts à faire quelques kilomètres en voiture, à la laisser dans un parc-relais situé à Mantes-la-Jolie, aux Mureaux ou à Orgeval, pour prendre un autocar qui va lui aussi circuler dans les tunnels congestionnés de La Défense, descendre à la gare routière Jules-Verne, et enfin rejoindre, pour la moitié d'entre eux, la station de RER (voir idée reçue 36).

Ce choix délibéré est contre-intuitif, et pourtant il est réel, comme en témoigne également la ligne Dourdan-Massy jusqu'en 2017, date à laquelle le service a été amélioré *via* un bout de voie réservée (sur 3 km et dans un seul sens). Il en est de même à Madrid où 80 % des 350 lignes n'ont pas de voie réservée : jusqu'en 2019, seul un bout d'autoroute (l'A6 sur 12 km) comportait une voie réservée.

Bien sûr, dès que possible, il convient de réaliser une portion de voies réservées, qui amélioreront l'attractivité de la ligne. C'est ce qui a été fait quelques années après la mise en service des lignes dans l'Isère, et la voie réservée ouverte en 2007 sur l'A48 a effectivement permis d'attirer de nouveaux usagers. Mais il est beaucoup plus facile de plaider ce projet après avoir apporté la preuve de l'utilité de la ligne ! Il est bien sûr nécessaire, dans le cadre d'un plan de décarbonation des transports, de prévoir ces projets et les besoins d'investissement correspondants, mais les gros travaux ne sont pas un préalable à la mise en route du service. Dans son éditorial sur le « Rapport sur le développement des lignes de cars express en Île-de-France », François Durovray

1. Voir le chapitre « Lignes de cars express : les réussites françaises », dans mon ouvrage *Transports, les oubliés de la République*, *op. cit.*

le rappelle : « Ces lignes ne nécessitent pas d'investissements d'infrastructures majeurs dans l'immédiat puisqu'elles ont vocation à se déployer sur le réseau routier existant qui permet déjà une desserte fine de proximité[2]. »

La situation est différente pour le covoiturage, puisque demeure la contrainte de la conduite : les voies réservées sont très appréciées par les covoitureurs, et surtout par le conducteur, car si prendre un passager lui fait perdre du temps, ce même passager lui donne la possibilité d'accéder à une voie réservée et c'est un atout important. C'est pour cette raison que les voies HOV ont été développées depuis 1973 aux États-Unis (voir idée reçue 29).

Le modèle des lignes express d'autocars est donc l'un des rares où il est possible de mettre en place le service avant de réaliser les gros investissements, dans un contexte d'urgence où l'inquiétude de l'inaction le dispute à l'inquiétude climatique. La tentation d'un projet qui soit immédiatement d'ampleur est un piège : dans le cas d'une voie réservée prise sur les voies existantes, il suscite des levées de boucliers politiques et des problèmes d'acceptabilité par les automobilistes, qui se sentent privés d'espace. Dans le cas de la transformation d'une bande d'arrêt d'urgence ou d'un élargissement, la mise en œuvre du service est conditionnée à un enchaînement d'études, d'enquêtes publiques, de débats passionnés, de recours, de quête de financements. Lorsque ce parcours du combattant est enfin achevé, il reste à engager les processus de loi sur l'eau, de mesures de protection de la biodiversité, éventuellement d'expropriations, et de mise en œuvre des textes sur l'archéologie, pour finir par les travaux. L'alternative maximaliste du « tout ou rien » peut donc même être une manœuvre des adversaires du modèle des

2. F. Durovray, « Rapport sur le développement des lignes de cars express en Île-de-France », Île-de-France Mobilités, avril 2023.

cars express pour susciter l'opposition, alors qu'une transition progressive crée à coup sûr l'acceptation.

En se fiant à cet ennemi du bien qu'est le mieux, on est sûr que la cavalerie des projets et des investissements arrive après la bataille pour tenir l'objectif du « Fit for 55 » en 2030, justifiant ainsi l'éco-anxiété des jeunes générations !

IDÉE REÇUE 38

« Construire des parkings-relais, c'est encore artificialiser les sols ! »

La loi « Climat et résilience » de 2021 a posé un objectif de zéro artificialisation nette (ZAN) à l'horizon de 2050. Effectivement, notre pays perd chaque année entre 20 000 et 30 000 hectares d'espaces naturels[1]. Ces valeurs ne sont pas à prendre au pied de la lettre, car dans la nomenclature, l'artificialisation est parfois confondue avec la privatisation (le jardin d'une maison individuelle est considéré comme artificialisé), ou encore avec l'imperméabilisation (on sait aujourd'hui construire des parkings laissant pousser l'herbe et s'écouler l'eau de pluie), mais l'ordre de grandeur est là.

En cause, la croissance démographique, l'accroissement du nombre de ménages, l'étalement urbain en périphérie des villes, la préférence pour la maison individuelle, une trop faible réhabilitation du bâti existant au profit de la construction neuve, plus facile et plus rentable. Les conséquences sont connues : risques d'inondation, îlots de chaleur urbaine, perte de biodiversité, diminution des terres agricoles… Et il faudrait construire des milliers de parkings-relais dans nos campagnes ?

1. www.ecologie.gouv.fr/artificialisation-des-sols

Tout d'abord, notons que tous les systèmes de transport sont gourmands en espace : extensions d'aéroports, voies ferrées, routes... La question n'est pas tant d'éviter à tout prix d'artificialiser, mais plutôt de savoir ce que l'on fait de cette nouvelle emprise en termes de politiques de transport et d'émissions évitées. Certes un parking-relais artificialisera les sols, mais il permettra d'émettre bien moins de CO_2 en ville. Il pourra donner accès à un train ou à un car express qui utilise les routes existantes. Enfin tous les parkings-relais ne sont pas à construire : il peut s'agir d'un parking existant, comme celui d'une grande surface, qui change en partie d'affectation, comme celui du magasin Conforama de la ligne Orgeval-La Défense. On utilise ici un « actif dormant » dimensionné pour les heures de pointe du samedi, mais sous-utilisé les autres jours de la semaine.

Mais alors faut-il choisir entre lutter contre les émissions de CO_2 ou défendre la biodiversité ? Pas forcément. Si 1 000 automobilistes délaissent leur voiture pour prendre l'autocar, ils libèrent autant de places de parking dans la ville-centre. Ces places devenues disponibles peuvent être rendues à la nature. Cela reviendrait à déplacer la fonction stationnement à une trentaine de kilomètres de la ville et à transférer un espace vert des zones rurales au cœur de la ville. La démarche est parfaitement alignée avec l'esprit du zéro artificialisation nette.

IDÉE REÇUE 39

« Seuls des modèles informatiques complexes peuvent modéliser un système de cars express »

Dans son film *Minority Report* (2002), inspiré d'une nouvelle de Philip K. Dick, Steven Spielberg donne à voir une société où les policiers disposent des moyens de deviner et empêcher un crime avant même qu'il ne soit commis. On laisse aux futurs spectateurs le plaisir de découvrir les outils de cette anticipation…

Concernant les projets de transformation d'un système de transports routier ou ferroviaire, l'ambition n'est pas très éloignée. Les investissements à consentir sont tels que tout est fait pour calculer au plus juste l'efficacité à en attendre, avant même que le chantier démarre. Des analyses extrêmement complexes sont mises en œuvre afin d'estimer comment les déplacements seront modifiés. L'analyse de la demande présente et à venir est un élément central de l'évaluation, dans la mesure où la plupart des effets du projet dépendent des trafics : gain de temps, sécurité, impact environnemental, consommation énergétique, urbanisme, etc.

C'est ainsi que des spécialistes tentent de créer un modèle « in vitro » du futur système de déplacements, qui telle une fourmilière constitue une représentation simplifiée, mais aussi réaliste que possible, des déplacements des voyageurs et des marchandises. Ces modèles reposent sur deux piliers : des enquêtes de terrain et des simulations numériques sophistiquées.

Dans la pratique, trois sous-modèles sont nécessaires. Le premier concerne la demande de transports : pour l'Île-de-France, par exemple, les 40 millions de déplacements quotidiens des Franciliens seront répartis selon l'origine et la destination, en distinguant les 1 280 communes et les 20 arrondissements parisiens, sans oublier les déplacements provenant de l'extérieur de la région. Le deuxième modèle concerne l'offre de transport : il est nécessaire de décrire finement la géométrie des réseaux (routier ou ferroviaire) et leurs paramètres physiques d'usage comme la capacité des routes, la vitesse à vide, etc. Enfin le troisième modèle est lié aux comportements des usagers : comment font-ils leurs arbitrages, peuvent-ils décaler un déplacement voire l'annuler, comment valorisent-ils le temps passé, le confort, la sécurité… ?

Pour aboutir à un modèle robuste, l'étape de calage est essentielle. Elle consiste à ajuster les données d'entrée et les paramètres du modèle afin que celui-ci représente au mieux la fréquentation telle qu'elle a été observée dans une période récente. On confronte donc les résultats du modèle ainsi ajusté à la situation observée, et on tente, par ajustements successifs, de refléter au mieux la réalité.

Si le modèle est principalement destiné à prévoir le comportement des automobilistes face à un nouveau projet routier, il est nécessaire de refléter au mieux tous les flux de voitures, et toutes les vitesses, observés sur tous les tronçons de route, vaste sujet ! Si le modèle est principalement destiné à prévoir les effets d'un nouveau projet de ligne de transport en commun, il est nécessaire de refléter au mieux tous les flux de passagers constatés sur les réseaux de transport en commun en service, vaste sujet également ! Ces modèles sont donc conçus et ajustés soit sur l'observation de réseaux routiers, soit sur l'observation de réseaux de transport en commun. Comme la carte reflète rarement le territoire, les modélisateurs sont heureux lorsque la fréquentation réelle d'un projet s'écarte de moins de 30 % de la prévision ! La majeure partie des usagers d'un nouveau projet provient d'un changement de comportement au sein d'un même mode de transport : ils abandonnent leur ancien itinéraire routier pour un nouvel itinéraire routier plus rapide ou confortable, ou bien ils abandonnent l'ancien trajet en bus pour un trajet en tramway, et le modèle parvient tant bien que mal à prévoir ce type de report.

Mais il y a d'autres types de comportements encore plus difficiles à prévoir : les changements d'horaires de départ pour éviter les encombrements ; le report modal, notamment de la voiture vers les transports en commun ; les déplacements nouveaux induits par le nouvel équipement ; enfin les déplacements intermodaux consistant à enchaîner plusieurs modes de nature différente.

Il faut bien des cerveaux d'ingénieurs et de nombreuses années pour mettre au point un modèle permettant de prévoir la fréquentation du projet envisagé, les gains de temps espérés, le report modal des voyageurs, etc. Sur cette base, on peut estimer les effets concrets, lancer des concertations, décider (ou non) de passer à la réalisation, enfin construire et passer aux actes...

Tout cela fonctionnait tant que les projets s'inscrivaient dans une logique de continuité, on développait presque séparément des services routiers d'un côté et ferroviaires ou de transport en commun de l'autre. Mais à partir du moment où il a fallu s'engager dans une logique de rupture en faveur du train, force est de constater que le report modal espéré ne s'est pas produit.

La modélisation de comportements intermodaux (l'usager va enchaîner des modes individuels et collectifs pour un seul déplacement), au sein d'un système de transports multimodal (l'usager dispose de plusieurs options alternatives) ne fait que rajouter à la difficulté. On prétend alors embrasser du routier individuel, du routier collectif et des transports en commun en site propre. L'expérience montre que le pouvoir prédictif s'effondre rapidement…

Plus un système est complexe, moins son fonctionnement est prévisible. Faire des prévisions de trafic pour un unique mode de transport est difficile, mais pour un système multimodal (route et rail), on ne peut que spéculer sur du chaos. Devant cette incertitude, la grande vertu du transport en commun routier est d'être modulable : l'actif le plus coûteux, la route, étant déjà en place, le dimensionnement, la fréquence et l'itinéraire des autocars peuvent varier à l'infini et ne sont que des coûts marginaux du système. Pourquoi faire compliqué quand on peut faire simple ?

Nous n'avons pas fait de longues études avant de lancer les « coronapistes », de même que pour les premières lignes de cars express. Le bon sens a suffi, et c'est ce que j'ai eu l'occasion de constater dans le cadre d'une réunion d'experts transports de l'AIPCR (Association mondiale de la route) à Buenos Aires. Les échanges portaient sur la modélisation des systèmes de transports multimodaux consistant à enchaîner des modes routiers (voiture et autocar) et des modes de transport collectif urbains. Les échanges se faisaient en anglais et les débats entre experts européens, japonais, coréens, américains étaient nourris. Notre collègue argentin Oscar Farina avait du mal à suivre, pourtant il dirigeait un petit bureau d'étude spécialisé dans les études de transport urbain. La pause arrive et devant le buffet, mon ami Oscar m'aborde en disant : « Je ne comprends pas ce que vous racontez et pourquoi vous y passez autant de temps. » Il m'explique alors qu'il suffit de compter les véhicules sur les grands axes routiers qui convergent vers la ville en heure de pointe du matin, d'en déduire les automobilistes qui s'arrêtent dans la ville et d'estimer le nombre de ceux qui seraient prêts à laisser leur voiture pour un autocar moins cher. Bien sûr, il faut aussi refaire des comptages à une vingtaine de kilomètres pour caler le point de départ de la ligne. Et il ajoute : « Je commence l'exploitation en proposant prudemment un service toutes les 20 min, et si ça marche, j'augmente la fréquence. »

En France, nous avons la chance de savoir très précisément, grâce à l'Insee, le domicile des actifs qui occupent tous les emplois de n'importe quelle ville et d'en déduire les « navetteurs longs », c'est-à-dire ceux qui habitent par exemple à plus de 20 km de leur emploi. Nous connaissons (ou pouvons mesurer) les trafics sur les trois ou quatre grandes radiales routières autour de cette ville et nous pouvons répartir nos navetteurs longs (après un abattement pour maladie ou télétravail) par de simples règles de trois. Nous obtenons ainsi la cible potentielle. Le plus compliqué consistera à déterminer les bons points d'arrêt : il suffira de s'inspirer des lignes déjà en service en France et de se jeter à l'eau, en se disant d'une part qu'il est relativement facile de modifier les arrêts, voire le tracé à destination, et d'autre part que le risque d'échec est limité à l'ampleur des sommes engagées, donc faible. Pourquoi spéculer sur l'avenir quand on peut mesurer le présent ?

COMPLET
GABS.

IDÉE REÇUE 40

« Le car express n'est qu'un transport de niche ! »

Pourquoi la France devrait-elle faire des efforts pour limiter son empreinte carbone ? Après tout, elle ne pèse que 1 % des émissions mondiales ! Pourquoi les États-Unis devraient-ils se poser des questions, tant que la Chine ne s'impliquera pas ? De même, à quoi bon multiplier les petites solutions en matière de décarbonation des transports, le problème étant tellement vaste et profond ? Et ne nous parlez pas de l'autocar, n'est-il pas ringard et seulement bon pour les colonies de vacances (voir idée reçue 35) ?

À ce jeu-là, on comprend comment tous les acteurs d'une société peuvent se renvoyer la balle, façon commode de se déculpabiliser et de fuir leurs responsabilités ! La notion même d'impact marginal est discutable. Une action marginale peut être symboliquement très forte (comme la limitation des jets privés), et chacun sait que ce sont les petits ruisseaux qui font les grandes rivières. Dans une ruche, l'action d'une abeille individuelle est marginale, et pourtant la ruche n'existe que parce que les abeilles ne se posent pas ce genre de questions ! Ce faisant, la ruche permet à toutes ses habitantes de passer l'hiver au chaud...

Venons-en à notre car express. Le service qu'il rend autour d'une grande ville de plus de 50 000 habitants peut s'analyser à deux horizons temporels bien distincts. À court terme, tout d'abord : le projet de la Stratégie nationale bas carbone 2 prévoyait ainsi un report modal vers les bus et les cars de 13 milliards de voyageurs-kilomètres en 2030. Dans son document « France Nation Verte », le Secrétariat à la planification écologique (SGPE) propose un plan d'action pour atteindre nos objectifs (« Mieux se déplacer en 2030 »). Le report modal y représente 14 % des efforts de réduction de gaz à effet de serre (le véhicule électrique, 30 %). Dans le détail, le SGPE propose d'ici à 2030 le report modal suivant (scénario AMS run 1) : par rapport à l'existant, 28 milliards de voyageurs-kilomètres vers le train, 14 milliards vers les bus et cars express, 17 milliards vers le vélo. À titre illustratif, il indique que cela signifierait que 4 millions d'automobilistes choisiraient le bus ou le car express, tous les jours, pour faire en moyenne 15 km. Il faudrait donc, en six ans, créer une offre de bus et de cars express qui augmenterait de 14 milliards les kilomètres parcourus ainsi par les usagers dans le cadre de leurs déplacements du quotidien.

Or je soutiens que cet objectif de 14 milliards de voyageurs-kilomètres vers les bus et cars express peut être atteint plus tôt, grâce aux lignes de cars express. Pour preuve, la région de Madrid, avec ses 6 millions d'habitants, possède un service de 350 lignes de cars express qui assurent un service annuel de 3,2 milliards de voyageurs-kilomètres, sur une distance moyenne de 17 km. Il n'est pas déraisonnable de penser pouvoir faire quatre fois plus à l'échelle des 13 régions métropolitaines françaises, avec leurs 65 millions d'habitants. Nous avons dans l'idée reçue 2 évoqué la carte de l'Insee qui illustre les domiciles des 3,3 millions d'actifs qui font plus de 25 km pour se rendre sur leur lieu de travail. Ils représentent environ 5 millions de déplacements (une fois déduits les congés, les arrêts maladie, le télétravail), d'une longueur moyenne de 40 km, soit 200 millions de voyageurs-kilomètres par jour (ou 50 milliards par an). Il suffirait donc de reporter 30 % de ces déplacements sur des cars express pour atteindre l'objectif de la SNBC 2.

L'économiste Jean-Pierre Orfeuil estime quant à lui à 600 000 le nombre d'usagers réguliers, hors Île-de-France, pour un système de 800 lignes d'autocars qui desserviraient les villes grandes et moyennes. Tout en limitant ses analyses aux déplacements de plus de 20 km, il parvient déjà à 12,6 milliards de kilomètres en voiture évités[1].

Comment faire ? Les bus assurent déjà 15 milliards de voyageurs-kilomètres par an, sur des distances très courtes (3,5 km en moyenne en Île-de-France). Ce volume correspond donc à 4,1 milliards de déplacements de 3,5 km. Sur ce type de distances, c'est le vélo qui est le plus pertinent, et on imagine mal une forte augmentation du recours au bus, le vélo ayant le vent en poupe. Les autocars, quant à eux, assurent 45 milliards de voyageurs-kilomètres par an, dont la majeure partie au titre des voyages. Un recoupement à partir de l'EMP 2019 permet d'estimer à environ 500 millions le nombre de déplacements longs du quotidien (plus de 10 km) effectués en autocars, et à 12 milliards de voyageurs-kilomètres le service assuré. La distance moyenne de ces déplacements serait donc de 24 km. Ce service est rendu par des lignes régulières d'autocars, y compris les transports scolaires, mises en place par les départements. C'est ce dernier poste, transports scolaires inclus, qui doit augmenter de 14 milliards en six ans.

Le défi n'est pas mince, mais il est techniquement abordable, même en moins de six ans. Dans un premier temps, il convient de mettre en service des lignes de cars express sans voies réservées (voir idée reçue 37) et de déployer progressivement un semis de parcs-relais, situés entre 20 et 50 km des grandes villes. Les voies réservées sont souhaitables à terme, mais ne sont aucunement un préalable nécessaire. Pour une fois que l'on peut

1. J.-P. Orfeuil, note d'auteur « L'autocar express, une solution pour les déplacements longs de la vie quotidienne ? », *op. cit.*

faire avancer la charrue sans mettre les bœufs, on aurait tort de se priver !

Quatorze milliards de voyageurs-kilomètres à gagner, tandis que la voiture en représente 797… Le jeu en vaut-il la chandelle ? Rappelons des ordres de grandeur : selon l'ART, les TER ont assuré 15 milliards de voyageurs-kilomètres en 2019. Le modeste report modal de la voiture vers les autocars que nous visons représente donc en réalité autant que le trafic des TER. Voilà qui va dans le sens des orientations gouvernementales.

L'autre horizon temporel est le moyen terme. Pour bien comprendre l'enjeu des autocars, il faut se rappeler que la question de l'organisation de systèmes de transports pour les déplacements longs du quotidien se pose pour la majeure partie des 992 communautés de communes (32 % de la population française), et des 221 communautés d'agglomérations (34 %)[2]. Ajoutons à cela que, toujours selon l'Insee, les déplacements domicile-travail augmentent en nombre et en distance[3]. Un tiers des actifs français ne travaillent pas dans leur intercommunalité de résidence. Les gros bataillons de navetteurs longs sont même concentrés en dehors des métropoles et des communautés urbaines, et plus précisément dans les petites communes des communautés de communes. Dans la communauté du Pays Voironnais (voir idée reçue 10), la part modale des transports en commun est très élevée par rapport à la moyenne des territoires comparables, et cette évolution des comportements a été très rapide. Enfin n'oublions pas que même la région modèle qu'est l'Île-de-France souhaite mettre en œuvre une centaine de lignes de cars express !

Est-ce donc une fatalité que sur les 20 villes de 100 000 à 200 000 habitants citées dans l'idée reçue 2, la part modale

2. *Insee Focus*, n° 286.
3. *Insee Première*, n° 1771, septembre 2019.

des transports en commun en matière d'accès aux emplois soit de 25 % à Grenoble, mais de seulement 3 % à Pau et de 14 % sur les 20 autres villes de notre échantillon ? Est-il inéluctable que les communautés de communes ou d'agglomérations situées dans l'aire d'attractivité des grandes villes ne bénéficient pas de l'expérience du modèle voironnais, fondée sur un réseau de parkings-relais et d'autocars ? Qu'attendons-nous pour nous intéresser aux dizaines, voire centaines de « grandes couronnes » infiniment plus dépendantes à la voiture que l'Île-de-France ? Toutes auraient bien besoin de solutions de transports en commun routiers. Le seul modèle « de niche » en matière d'autocar, de par ses contraintes, c'est le transport scolaire, qui par ailleurs a bien des vertus. On peut tout à fait tenir son objectif d'équité territoriale sans reproduire ses coûts, car les coûts d'exploitation d'une ligne sont très dépendants de la vitesse commerciale, et la vitesse d'une ligne de cars express est *a minima* deux fois plus élevée que celle d'une ligne de bus ou d'un transport scolaire qui doit multiplier les arrêts et les détours.

Certes, les futurs réseaux express régionaux métropolitains (RERM) pourront permettre d'améliorer l'attractivité des métropoles, mais ce dont nous avons réellement besoin pour résorber les fractures territoriales, rompre l'isolement et redynamiser les territoires, c'est d'un projet « RECIM », *alias* Réseau express de coopération intercommunale multimodale ! Un tel projet mettrait les communautés de communes ou d'agglomérations au cœur des politiques publiques de transport. Après tout, ce sont les premières intéressées…

Pour finir, laissons justement la parole à un expert de terrain, François Durovray, président du Conseil départemental de l'Essonne et administrateur d'Île-de-France Mobilités : « Devant l'évidence de ces performances, la question n'est plus d'interroger la pertinence du modèle [des cars express], mais d'identifier les obstacles et les freins qui restent à lever pour répondre aux besoins de mobilité de la grande couronne, et relever les enjeux environnementaux, économiques et démocratiques qui nous font face. » Les obstacles et les freins que nous identifions dans cet ouvrage, ce sont les idées reçues, en espérant que le lecteur reprendra le flambeau !

Remerciements

Mes remerciements vont à tous ceux qui dans mon parcours, de l'école à la vie professionnelle, ont porté l'exigence de la rationalité, de l'esprit critique et du sens de la controverse, à l'encontre de toutes les postures dogmatiques ; à Jean-Pierre, Fabien et à François-Brice pour leurs conseils et leurs remarques ; à Dalibor pour son accompagnement stimulant dans mon travail d'écriture ; et à Madame Anne-Marie Idrac et à Gabs pour leurs contributions.

Bibliographie

ADEME, « Évolution du marché, caractéristiques environnementales et techniques, véhicules particuliers neufs vendus en France », 2018.

ADEME, « Caractérisation des effets rebond induits par le télétravail », septembre 2020.

ADEME, « Voitures électriques et bornes de recharge », avis, octobre 2022.

ATELIER PARISIEN D'URBANISME (APUR), « La ville pavillonnaire du Grand Paris : enjeux et perspectives », juin 2023.

BALÉO Marie, *Grands projets et démocratie : un guide pour l'action*, La Fabrique de la Cité, 2020.

BEAUCIRE Francis, « Songer à la vitesse », *in* Agence d'urbanisme de la région grenobloise, « Excès de vitesse », *Les dossiers de demain*, n° 5, 2006.

BELTON-CHEVALLIER Leslie *et al.*, *Manuel de sociologie des mobilités géographiques*, Presses universitaires François Rabelais, chapitre 2, 2019.

BENTAYOU Gilles, PERRIN Emmanuel et RICHER Cyprien, « Contrat d'axe et *Transit-Oriented Development* : quel renouvellement de l'action publique en matière de mobilité et d'aménagement ? (Point de vue d'acteurs) », *Flux*, 2015, vol. 3-4, n° 101-102), p. 111-123.

BERGEROT Antoine, COMOLET Gabriel et SALEZ Thomas, « Les usagers de la route paient-ils le juste prix de leurs circulations ? », *Trésor-Éco*, n° 283, avril 2021.

BEZANÇON Xavier, *Les Services publics en France : du Moyen Âge à la Révolution*, Presses de l'École nationale des Ponts et chaussées, 1995.

BEZANÇON Xavier, *Les Services publics en France : de la Révolution à la Première Guerre mondiale*, Presses de l'École nationale des Ponts et chaussées, 1998.

BIGO Aurélien, « Les transports face au défi de la transition énergétique. Explorations entre passé et avenir, technologie et sobriété, accélération et ralentissement », thèse soutenue le 23 novembre 2020 à l'Institut polytechnique de Paris.

BOSREDON Philippe de, « Les chemins vicinaux en France », *Revue des Deux Mondes*, tome 89, 1870.

BRAUDEL Fernand, *L'Identité de la France*, Arthaud-Flammarion, 1992.

BROTO André, *Transports : les oubliés de la République*, Eyrolles, 2022.

BUREAU Dominique (dir.), *Le Grand Paris Express. Les enjeux pour environnement*, Economica, 2022.

CAUSA Orsetta et PICHELMANN Jacob, « Should I stay or should I go? Housing and residential mobility across OECD countries », *Documents de travail du Département des Affaires économiques de l'OCDE*, n° 1626, Éditions OCDE, 2020.

CEREMA, « MaaS des villes, MaaS des champs : Quelle articulation entre les systèmes locaux et régionaux ? », 2021.

CGEDD et FRANCE STRATÉGIE, « Prospective 2040-2060 des transports et des mobilités », rapport de synthèse, février 2022 – https://www.strategie.gouv.fr/sites/strategie.gouv.fr/files/atoms/files/prospective_2040-2060_des_transports_et_des_mobilites_-_rapport_de_synthese_-_fevrier_2022.pdf

CHARBONNEAU Bernard, *L'Hommauto* [1967], Denoël, 2003.

COHEN Simon, « Impact de la voie auxiliaire sur le niveau de service du tronc commun A4-A86 », INRETS, 2007.

Coldefy Jean, « La gratuité des transports en commun va-t-elle faire décroître l'usage de la voiture ? », *La Fabrique de la Cité*, novembre 2018.

Coldefy Jean, « Mobilités : pour des solutions justes et décarbonées (et non juste décarbonées) », Terra Nova, 16 février 2023.

Conseil départemental de l'Essonne, « L'avenir des mobilités en Île-de-France : Plan d'urgence pour la Grande Couronne », février 2021.

Cour des comptes, « La mise en œuvre par la France du Paquet énergie-climat », 2014.

Cour des comptes, Rapport public thématique « Le transfert aux régions du transport express régional (TER) : un bilan mitigé et des évolutions à poursuivre », 2009.

Criqui Patrick, *Les Coûts d'abattements. Partie 2 « Transports »*, France Stratégie, 2021.

Crozet Yves, « À la recherche du temps gagné », annexe de l'ouvrage d'Ivan Illich, *Énergie et Équité,* Le Seuil, 1975.

Crozet Yves, « Économie de la vitesse : Ivan Illich revisité », *L'Économie politique*, n° 74, 2017.

Crozet Yves, *Hyper-mobilité et politiques publiques*, Economica, 2016.

Crozet Yves, « La question de la vitesse routière », *in* TDIE, « Engagements climatiques et mobilités : à la recherche du bien commun », 2023.

Crozet Yves, « Les transports et le financement de la mobilité », Fondation pour l'innovation politique, avril 2015.

Dautry Raoul, « Technique, science des transports et progrès social », *L'Année ferroviaire*, 1948, p. 25-61.

DELONS Jean, « Comment mieux se déplacer demain ? », Pavillon de l'Arsenal/Échanges métropolitains, 2009 – https://dai.ly/x91eo1

DIDIER Michel et PRUD'HOMME Rémy, *Infrastructures de transport, mobilité et croissance*, La Documentation française, 2007.

DIRECTION GÉNÉRALE DE L'ÉNERGIE ET DU CLIMAT, « Synthèse du scénario de référence de la stratégie française pour l'énergie et le climat », janvier 2020.

DULIN Antoine, « Droits formels/droits réels : améliorer le recours aux droits sociaux des jeunes », avis du CESE, juin 2012.

DUROVRAY François, « Rapport sur le développement des lignes de cars express en Île-de-France », Île-de-France Mobilités, avril 2023.

EPFL, « Audit externe sur l'état du réseau routier national non concédé et la politique d'entretien de ce réseau », avril 2018.

EUROSTAT, « Modal Split of Passenger Transport on Land by Country », données 2017.

FABRE SOUNDRON Marina, « La fin de l'âge d'or du télétravail et le début du RAB, "retour au bureau" », *Novethic*, 17 août 2023.

FAY Sophie, « L'idée d'un "passe rail" à 49 euros par mois prend forme », *Le Monde*, 25 septembre 2023.

FLONNEAU Mathieu, *Défense et illustration d'un automobilisme républicain*, Descartes & Cie, 2014.

FLONNEAU Mathieu et ORFEUIL Jean-Pierre, *Vive la route ! Vive la République ! Essai impertinent*, éditions de l'Aube, 2016.

FORUM VIES MOBILES, « Rationner les déplacements carbonés : une alternative d'avenir à la taxe carbone ? » – https://fr.forumviesmobiles.org/projet/2020/12/07/

rationner-deplacements-carbones-alternative-davenir-taxe-carbone-13515

France Nation Verte, «Mieux se déplacer: la planification écologique dans les transports», réunion du CNR, 31 mai 2023.

France Stratégie, «Dynamique de l'emploi dans les métropoles et les territoires avoisinants», La note d'analyse, novembre 2017, nº 64.

France Stratégie, «Prospective 2040-2060 des transports et des mobilités, 20 ans pour réussir collectivement les déplacements de demain», rapport de synthèse, février 2022.

Georges Bruno, «Histoire de la concession autoroutière *en France*», *Revue d'économie financière*, 1991, p. 211-226.

Patrice Geoffron et Thirion Benoît, «Décarboner les transports et les mobilités: quelles réponses efficaces face aux urgences?», Terra Nova, juin 2023.

Geoffron Patrice, «Routes et nouvelles mobilités», automne 2023.

Haut Conseil pour le climat, «Acter l'urgence, engager les moyens», rapport 2023, p. 7 et 178.

Haut Conseil pour le climat, *Redresser le cap, relancer la transition*, Rapport annuel 2020.

IAU, «Étude de cas étrangers de transports collectifs de banlieue, cas nº 1: Madrid», octobre 2006.

IAU, «La place des bus dans les transports collectifs de Madrid», octobre 2008.

IAU, «Les investissements de transport collectif dans les métropoles européennes: les investissements d'extension à Madrid», novembre 2008.

IAU, « Pôles d'échanges multimodaux sur voies rapides : étude d'opportunité sur le territoire francilien », mai 2018.

IDRRIM, « Entretenir et préserver le patrimoine d'infrastructures de transport : une exigence pour la France », octobre 2014.

ILLICH Ivan, *Énergie et Équité*, Seuil, 1973.

INJEP, *Analyses et synthèses*, n° 6, octobre 2017.

INSEE, « Enquête nationale transports et déplacements 2007-2008 ».

INSEE, enquête « Mobilités des personnes » 2019. www.statistiques.developpement-durable.gouv.fr/resultats-detailles-de-lenquete-mobilite-des-personnes-de-2019

INSEE, « Où habitent les 1,9 million d'actifs "essentiels du quotidien" qui travaillent en Île-de-France ? », *INSEE analyses*, n° 138, juillet 2021.

INSTITUT MONTAIGNE, « Transports de voyageurs, comment réformer un modèle à bout de souffle ? », octobre 2012.

INSTITUT PARIS RÉGION, « Voies réservées sur autoroutes et voies rapides urbaines : benchmark comparatif entre cas espagnols, anglais et français », février 2022.

LA FABRIQUE DE LA CITÉ, « Zones à faibles émissions : sommes-nous en train de rendre les villes inaccessibles ? » - www.lafabriquedelacite.com/publications/zones-a-faibles-emissions-sommes-nous-en-train-de-rendre-les-villes-inaccessibles/

LAFONT Robert, *Les Autoroutes*, PUF, coll. « Que sais-je ? », 1997.

LAMBERT Alain et MALVY Martin, *Pour un redressement des finances publiques fondé sur la confiance mutuelle et l'engagement de chacun*, Vie publique, 2014.

LAMBERT Alain, *Les Relations entre l'État et les collectivités locales,* Vie publique, 2007.

LATOUR Bruno, préface de l'ouvrage *De l'histoire des transports à l'histoire de la mobilité ?* de Mathieu Flonneau et Vincent Guigueno (dir.), Presses universitaires de Rennes, 2009.

LE GENTIL Aude, « Changement climatique, la particularité française », *La Tribune du dimanche*, 8 octobre 2023.

LE MONDE et AFP, « Aux États-Unis, le gigantesque de plan de modernisation des infrastructures voulu par Joe Biden franchit une étape clé », *Le Monde*, 7 août 2021.

LELIÈVRE Alain, « Mobilité urbaine : Singapour en tête d'un classement mondial », *Les Échos*, 28 novembre 2019.

LEONARD, Penser un « New Deal pour les voies rapides du Grand Paris », 2019 - https://leonard.vinci.com/penser-un-new-deal-pour-les-voies-rapides-du-grand-paris/

LEYRIT Christian et LASSUS Bernard, *Autoroutes et paysage*, Éditions du Demi-Cercle, 2000.

LOMBARDO Philippe et WOLFF Loup, « Cinquante ans de pratiques culturelles en France », *Culture études*, 2020, vol. 2, n° 2, p. 1-92.

MALLET Thierry, *Voyage au cœur de la mobilité*, Le Cherche Midi, 2022.

MARCHAND Leïla, « Marché stratégique, défi écologique… Comprendre les terres rares en 5 questions », *Les Échos*, 2 juillet 2021.

MASSOT Marie-Hélène (dir.), *Mobilités & modes de vie métropolitains*, L'Œil d'or, 2010, p. 75-91.

MÉNASCÉ David et RAVILY Maureen, « Améliorer la mobilité urbaine dans les pays émergents », *Routes/Roads,* n° 365, janvier 2015 – www.piarc.org

MGI, Briefing note, « Infrastructure productivity: how to save $1 trillion a year », janvier 2013.

Ministère de la Transition écologique et solidaire, « Réduction des vitesses sur les routes : analyse coûts bénéfices », mars 2018.

Nédélec Gabriel, « Pollution : Uber dans le viseur d'ONG européennes », *Les Échos*, 21 novembre 2019.

Normand J.-M., « La longue marche de la voiture électrique », *Le Monde*, 14-18 août 2023.

Orfeuil Jean-Pierre, « L'amour sans limite de nos élus pour le rail », *Telos*, 23 mai 2023.

Orfeuil Jean-Pierre, « L'autocar express, une solution pour les déplacements longs de la vie quotidienne ? », note d'auteur, La Fabrique de la Cité, décembre 2022 – https://www.lafabriquedelacite.com/wp-content/uploads/2022/12/Lautocar-express-une-solution-pour-les-deplacements-longs-de-la-vie-quotidienne-JP-Orfeuil.pdf

Orfeuil Jean-Pierre et Leriche Yann, *Piloter le véhicule autonome au service de la ville*, Descartes & Cie, 2019.

Orfeuil Jean-Pierre et Soleyret Danièle, « Quelles interactions entre les marchés de la mobilité à courte et longue distance ? », *Recherche Transport Sécurité*, 2002, vol. 76, p. 208-221.

Orfeuil Jean-Pierre, « Un milliard de déplacements par mois en région », rapport INRETS n° 107, 1989.

Orfeuil Jean-Pierre, *Une approche laïque de la mobilité,* Descartes & Cie, 2008.

Papon Francis et Solère Régis de, « Les modes actifs : marche et vélo de retour en ville », *in La Revue du CGDD*, « La mobilité des Français : panorama issu de l'enquête nationale transports et déplacements 2008 », décembre 2010.

Prud'homme Rémy, *Les Comptes économiques de villes,* Éditions Cujas, 2000.

Quinet Alain, *La Valeur de l'action pour le climat*, France Stratégie, 2019.

Reverdy Georges, *L'Histoire des routes de France du Moyen Âge à la Révolution,* Presses de l'ENPC, 1997.

Reverdy Georges, *Les Routes de France du* XIX*e siècle,* Presses de l'ENPC, 1973.

Richer Cyprien, « Quelles politiques intermodales dans la planification territoriale ? Analyse des pôles d'échanges dans les plans de déplacements urbains », *Flux*, 2007, vol. 3, n° 69, p. 35-48.

Roger Simon, « Le transport maritime, maillon faible du climat », *Le Monde*, 12 avril 2018.

Rossigny Pascal et Guiraud Hervé, « Des renforcements coordonnés à nos jours : histoire de l'entretien préventif du réseau routier national » - www.cotita.fr/IMG/pdf/guiraud-entretien-preventif.pdf

Routes de France, « Mobilité et relance en Europe impacts de la crise de la Covid-19, une analyse comparée de niveau européen », 8 septembre 2021.

Schäfer Andreas *et al.*, *Transportation in a Climate-Constrained World*, MIT Press, 2009.

Schäfer Andreas, « The global demand for motorized mobility », *Transportation research Part A: Policy and Practice,* 1998, vol. 32, n° 6, p. 454-477.

SDES, « Enquête mobilité des personnes 2018-2019 ».

SEAMAN John, *La Chine et les terres rares*, Institut français des relations internationales, janvier 2019.

SÉNAT, « La gratuité totale des transports collectifs : fausse bonne idée ou révolution écologique et sociale des mobilités ? », rapport d'information, n° 744 (2018-2019), déposé le 25 septembre 2019.

SETRA, *Urbanisme et transport : les critères d'accessibilité et de développement urbain*, Division urbaine, ministère de l'Équipement, 1974.

STUDENY Christophe, « La révolution des transports et l'accélération de la France » *in* Mathieu Flonneau et Vincent Guigueno (dir.), *De l'histoire des transports à l'histoire de la mobilité ?*, Presses universitaires de Rennes, 2009.

SUBRA Philippe, *Zones à défendre – De Sivens à Notre-Dame des Landes*, éditions de l'Aube, 2016.

TIROLE Jean, Préface de *La Gestion des infrastructures de réseaux*, Conseil économique pour le développement durable, 2014.

TOCQUEVILLE Alexis de, *De la démocratie en Amérique* [1835], Garnier-Flammarion, 2010.

UNION ROUTIÈRE DE FRANCE, « Faits et chiffres 2020, statistiques des mobilités en France et en Europe ».

UNWTO, « Faits saillants du tourisme international », édition 2019.

VIARD Jean, *Éloge de la mobilité, essai sur le capital temps libre et la valeur travail*, éditions de l'Aube, 2006.

VIARD Jean, *Le Triomphe d'une utopie, la révolution des temps libres*, éditions de l'Aube, 2015.

VIARD Jean, *Un nouvel âge jeune*, Éditions de l'Aube, 2019.

VREF, UITP et BRT+ COE, « Transformer les villes avec les systèmes de Bus Rapid Transit (BRT) », mai 2019 – https://

cms.uitp.org/wp/wp-content/uploads/2020/07/Report-UITP-FR-final-web-July.pdf

World Economic Forum, *Global Competitiveness 2019*, fiche France.

Zahavi Yacov, « Caractéristiques de la mobilité urbaine dans les pays développés et en voie de développement », étude pour la Banque mondiale, 1976.

Achevé d'imprimer en Décembre 2023 par la Sepec - 21682231208
Imprimé en France
Dépôt légal : Janvier 2024

Cet ouvrage est imprimé sur du papier offset 90 g,
issu de forêts gérées durablement.

IMPRIM'VERT®

PEFC 10-31-1470 / Certifié PEFC / Ce produit est issu de forêts gérées durablement et de sources contrôlées. / pefc-france.org